WILHELM SCHMID • **Aşk**

WILHELM SCHMID 1953'te Almanya'da Bavyera-Süebya (Schwaben) bölgesinde doğdu. Berlin, Paris ve Tübingen'de felsefe eğitimi aldı. Çeşitli Alman üniversitelerinde çalıştı, Riga ve Tiflis üniversitelerinde misafir öğretim üyeliği yaptı. Bir dönem Zürih'teki bir hastanede hastalara "felsefeyle manevi destek" hizmetinde bulundu. Halen Erfurt Üniversitesi'nde felsefe dersleri veriyor. Almanya'da ve dünyanın çeşitli yerlerinde tebliğler sunuyor, konuşmalar yapıyor. On sekiz dile çevrilen kitaplarının dünya çapındaki satışı bir milyona yakındır. İletişim'den daha önce *Mutsuz Olmak - Bir Yüreklendirme* (2014), *Aşk - Neden Bu Kadar Zordur? Ve Yine De Nasıl Mümkün Olur?* (2014), *Sakin Olmak - Yaşlanırken Kazandıklarımız* (2015), *Arkadaşlıktaki Saadete Dair* (2015), *Düşmanlığın Faydaları* (2017), *Anne Baba ve Büyükanne Büyükbaba Olmanın Sevinçleri Üzerine* (2018) ve *Kendiyle Dost Olmak* (2019) adlı kitapları yayımlandı.

Liebe. Warum sie so schwierig ist und wie sie dennoch gelingt
© 2011 Insel Verlag, Berlin

İletişim Yayınları 1981 • Psykhe 13
ISBN-13: 978-975-05-1448-7
© 2014 İletişim Yayıncılık A. Ş. / 1. BASIM
1-4. Baskı 2014-2018, İstanbul
5. Baskı 2019, İstanbul

DİZİ EDİTÖRÜ Bahar Siber
KAPAK Suat Aysu
KAPAKTAKİ ÇİZGİ Turgut Demir
UYGULAMA Hüsnü Abbas
DÜZELTİ Işık Solmaz
BASKI Ayhan Matbaası · SERTİFİKA NO. 44871
Mahmutbey Mahallesi, 2622. Sokak, No: 6/31 Bağcılar 34218 İstanbul
Tel: 212.445 32 38 • Faks: 212.445 05 63
CİLT Güven Mücellit · SERTİFİKA NO. 45003
Mahmutbey Mahallesi, Devekaldırımı Caddesi, Gelincik Sokak,
Güven İş Merkezi, No: 6, Bağcılar, İstanbul, Tel: 212.445 00 04

İletişim Yayınları · SERTİFİKA NO. 40387
Binbirdirek Meydanı Sokak, İletişim Han 3, Fatih 34122 İstanbul
Tel: 212.516 22 60-61-62 • Faks: 212.516 12 58
e-mail: iletisim@iletisim.com.tr • web: www.iletisim.com.tr

WILHELM SCHMID
Aşk
Neden Bu Kadar Zordur ve Yine de Nasıl Mümkün Olur?

Liebe
Warum sie so schwierig ist
und wie sie dennoch gelingt

ÇEVİREN *Tanıl Bora*
ÇİZGİLER *Turgut Demir*

iletişim

İÇİNDEKİLER

ÖNSÖZ 9

BİRİNCİ BÖLÜM
AŞKIN HÂLÂ İCABI VE GEREĞİ VAR MI? 15

İKİNCİ BÖLÜM
AŞK YAPMAK: EROTİK KARŞILAŞMANIN PEMBE SAATLERİ 23

ÜÇÜNCÜ BÖLÜM
AŞKI HİSSETMEK: GÜÇLÜ DUYGULARLA DOLU KIRMIZI SAATLER 29

DÖRDÜNCÜ BÖLÜM
AŞKI DÜŞÜNMEK: DÜŞÜNCE ALIŞVERİŞİNİN MAVİ SAATLERİ 35

BEŞİNCİ BÖLÜM
AŞK OLMAK: KENDİNİZİ TAMAMEN UNUTTUĞUNUZ MOR SAATLER 41

ALTINCI BÖLÜM
GÜNDELİK HAYATTA AŞK: GRİ, IHLAMUR YEŞİLİ VE ÖTEKİ SAATLER 47

YEDİNCİ BÖLÜM
**STANDART SORUNLAR: PARA SORUNU,
ÇORAP SORUNU, CİNSELLİK SORUNU** 53

SEKİZİNCİ BÖLÜM
GÜÇ, ÖNEMLİ OLMAMALIDIR. SAHİDEN Mİ? 59

DOKUZUNCU BÖLÜM
AŞKTA SADAKAT. NASIL MÜMKÜN OLUR? 65

ONUNCU BÖLÜM
AŞK SONA ERMEMELİ. AMA YA YİNE DE BİTERSE... 71

EK
**SEVMEYİ ÖĞRENMEK. BİR AŞK OKULU OLSA
MÜFREDATINDA NELER OLABİLİRDİ?** 77

ÖNSÖZ

"Birisi bana aşkı açıklayabilir mi?" Bu soru nicedir dudağımın ucundaydı. Ama sorabileceğim kimseyi tanımıyordum. Benim sorunum, bir şekilde her şeyin ters gitmesiydi. Bir yandan da aşkın ne olduğunu gayet iyi biliyordum: Hep içten kucaklaşmalar, hep iyi duygular vardır, hiç gam kasavet yoktur. İyi de, âşık olma hali geçmeye görsün, her seferinde akamete uğramıştır bu durum. Bunda, bizzat benim mesafeye ihtiyaç duymamın ve aslında bunu istememe rağmen hır çıkartmamın da payı az değildir.

Bütün bunları daha iyi anlayabilmek için felsefe öğrenimi görmeye karar verdim. Söz konusu olan aşksa, en uygunu bu değil miydi? Felsefe bilgelik sevgisidir; onun aşk gibi bir fenomene esaslı bir şekilde ve azami itinayla yaklaşacağına güveniyordum. Gerçi felsefe öğretimi kuru bir malzeme sunuyordu, mesela mantık. Mantık düşüncelerini düzenlemeye yarar. Aşk için, daha başka araştırmalara ihtiyaç vardı. Kendimi bunlara adadım, otuz yıl boyunca, teorik ve tabii ki pratik alanda en azından öznel açıdan daha fazla berraklık kazanmaya çalıştım. Bu çalışma, daha büyük bir kitabın temelini oluşturan bu küçük kitabı meydana getirdi.[1]

Hangi sonuçlara vardım? Aşkın, hakikatini asla tam bilemeyeceğimiz bir şey olduğunu anladım. Kuşkusuz bir tür yakınlık ve sevgidir, fakat bunun nasıl olacağı sadece kimle karşılaşacağımıza ve nasıl bir tecrübe yaşayacağımıza değil aynı zamanda aşkı nasıl tasavvur ettiğimize ve buna göre ondan ne beklediğimize, umduğumuza ve nesinden endişe ettiğimize bağlıdır. Bu tasavvur veya *yorum* öylesine önemlidir ki, *aşk dediğin, aşk diye yorumladığındır*, diyebiliriz. Hakikat bu mudur peki? Hayır, bu bir yorumdur. Yorumuna göre aşk hoş bir duygu olarak da acı bir hayal kırıklığı olarak da, serinkanlı bir hesap olarak da delice bir tutku olarak da görünebilir. Bir geceliğine veya ömürlük isteriz onu, sadece bedensel veya saf manevi olarak, ruhani olarak, aşkın olarak isteriz, birisiyle veya birçok başkalarıyla yaşayalım isteriz.

Her yorum da yine karşılaşmalara ve tecrübelere etki eder: Aşkın, safi uyum olduğunu tasavvur ediyorsam, bir ilişkiden tam bunu beklerim – bunun sonucu hayal kırıklığı olacaktır. Buna karşılık aşkın esasen uyum demek olduğunu ama ara ara dargınlık ve münakaşayı da içerdiğini tasavvur edersem, hayal kırıklığı sınırlı kalır. Eğer sorun çıkarıyorsa aşk, neden yorumunuzu değiştirmeyesiniz? Yorumunuz doğru görünüyorsa da, sevme tarzınızda bir şeyleri değiştirmeyi düşünmez misiniz?

Yorumları birbirini tıpatıp tutan iki insan bulmak zordur: Aşkın hakikatinde ne kadar çok çehrenin saklı olduğunun bir göstergesidir bu. Şu da var ki birçok insan yorumlarının bir yorum olmayıp gerçeğin bir tasviri olduğunda ısrar eder. Aşkın hakikatini bildiklerine inanır ve bunu ancak

---

[1] Wilhelm Schmid. *Die Liebe neu erfinden. Von der Lebenskunst im Umgang mit Anderen*, Suhrkamp Verlag, Berlin 2010. [Aşkı yeniden keşfetmek. Başkalarıyla ilişki içinde yaşama sanatı] – yazarın notu.

dinle ilgili tartışmalarda rastlayacağımız kadar can-ı gönülden savunurlar. Onu kendilerine din yapanların gözünde aşk "mutlak bir şeydir", hiçbir şekilde sorgulanamaz. Ötekiler, bunun aksine burada da ateizme değer verirler: Onlara bakılırsa "arkasında hiçbir şey yoktur" aşkın – olsa olsa biraz biyokimya vardır. Bu iki zıt yorumun da aşkın kavranamaz hakikatinde yerleri vardır, ne var ki bunlar farklı noktalara varırlar. Aşkın mutlaklığında direten, fazlasıyla yüksek beklentilere yetmeyen pratikten ötürü kolaylıkla hayal kırıklığına uğrayabilir. Bu işi sadece bir yanılsama olarak gören de, güzel bir yanılsamanın sağlayabileceği yaratıcı potansiyeli feda eder.

Aşk her zaman zorluydu, fakat her çağın zorluğu kendine özgü oldu. Bir zamanlar, duyguların bir rol *oynamaması gerektiği* konusunda kafalar açıktı; belirleyici olan, serinkanlı hesap, maddi güvence, toplumsal yükselme olanakları ve bereketli üremeydi: Mümkün olduğunca çok çocuk yapmak bir görevdi. Modern çağda aşk, duyguların büyük bir rol oynaması *gerektiği* için zorlaştı: Mümkün olduğunca hesapsız olmak gerek, maddi güvence ve kariyeri düşünmek romantik değil, üremek de bir zorunluluk oluşturmuyor; çocuk yapmak tercihe bağlıdır, bir veya iki tanesi yetiyor. Peki ama ya duygular devre dışı kalırsa? Duygulara, öncelikle de arızalara ve gündelik hayata yer vermeden sadece iyi duygulara yaslanan *romantik aşkın* sorunu budur. Romantik aşkın mucitleri bile, sadece duygulara güvenen aşkın pek birlikte yaşanabilir bir şey olmadığını tecrübe etmişlerdi. Onların ilişkileri korkunç biçimde çuvallamıştı ve o zamandan beri bu sorunda herhangi bir şey değişmiş değildir.

Aşkın romantik yorumu gökten düşmüş değildi, bir tarihi vardı bunun: 18. yüzyılın sonları ilâ 19. yüzyılın başlarında Batılı ülkelerde genç insanlar, "erken romantikler", ayarlanmış evliliklerdeki burjuva aşkın duygusuzluğuna karşı direnişe geçtiler. Meydana çıkmakta olan, rasyonelliğe, bilime ve teknolojiye dayanan modern çağı da hissizlikle itham ediyorlardı. Bu dünyanın soğuğunda insan sıcaklığının kaybolacağından endişe ediyorlardı, bu endişeleri sebepsiz de değildi. Romantik duygularla bir karşı-dünyanın yaratılabileceğini umuyorlardı. Bu tasavvur modern çağın akışı içinde giderek daha fazla taraftar buldu ve şimdilerde yeniden önem kazanıyor: Çalışma hayatında stres, sıkıntı ve belirsizlik arttıkça, ev yaşantısının o oranda uyumla, anlayışla ve kesinlikle dolu bir selâmet dünyası olması isteniyor.

Ne var ki bu aşk da, bütün duyguları sarıp solduran *gündelik hayat*, onun karşısında dikildiği için zordur. Artık yalnızlığa olanak tanımayan samimi beraberliğe olan özlemin önüne çok defa bizzat benlikler dikildiği için de zordur: Benlik, aşkı insanın kendini teslim edebileceği güvenilir bir bağlanma olarak ister ama diğer yandan özgürlüğünde ve kendi ayrı hayatında ısrar eder. Başka çağlarda insanlar özgürlüğün en fazla düşünü görürlerdi, modern çağdaysa özgürlük, insanları daimî huzursuzluğa sevk eden bir kazanıma dönüştü: Ben neredeyim burada, özgürlüğüm nerede kaldı? Beni fazla daraltan bir şey var mı? Bundan kendimi nasıl kurtarabilirim?

Aşk, birçok *olanağa* kavuştuğu için de zordur. Mesela romantizmi gerçekleştirmeye dönük sürekli yeni hamlelerin yapıldığı çok sayıdaki ilişki suretinde ortaya çıkan olanaklardır bunlar. Ne var ki bu girişimlerdeki her gerçekleşme kuvvete ve zamana mal olur ve diğer olanaklardan feragat etmeyi gerektirir, bu da insana acı verebilir.

Bütün bunlar yine de ümitsizliğe düşmeye sebep değilse, romantizm aşkın düşünülebilir tek yorumu olmadığı içindir. Birlikte daha iyi yaşanabilir bir başka yorum, *nefes alan aşk* yorumudur. Aşk, nefes alamadığında boğulur. Aşk, hep sadece aşk olmak zorunda kaldığında, nefes almaz; her zaman belirli bir anlamdaki aşka sabitlendiğinde, aşk sürekli iyi duygular ve tutku, sürekli şeker şerbet bir samimiyet sunmak anlamına geldiğinde mesela. Bu, sürekli soluk alıp durmak demek olur, oysa insanın soluğunu vermesi de gerekir. Aşkın da öyle.

Aşkın nefes alabilmesi için, romantik aşka kapılanlara büyük sorunlar çıkartan çelişkilere, *ara ara* alan açabilmesi lazımdır. Böylece sadece duygu dolu romantizmi ve tabii ki çok güzel olan samimiyeti değil ayık kafalı pragmatizmi de esirgeyip kollamış olur; gündelik yaşamda değeri anlaşılan o pragmatiklik, ilişkiye iyi gelen mesafeye imkân tanır. Ara ara uzaklaşmak, sürekli birbiriyle uğraşmak yerine dönüp dönüp kendi benliğiyle de meşgul olabilmenin ön koşuludur; bu da yeni nefes almayı ve tekrar birbirine yönelmeyi sağlar.

Aşk, sevenler birbirlerine karşılıklı bol serbestlik tanıyıp, bazı serbestîlerden de kendiliğinden vazgeçmeleriyle nefes alır. Sevenler, ilgilerinin ve bakış açılarının yalnızca uyumuna değil, çelişkilerine de geçerlilik tanıdıklarında nefes alır. Aşk, onu kendisinden, boğucu taleplerinden kurtarabilirseniz daha sağlam olur. Eğer meseleniz hâlâ aşksa...

BİRİNCİ BÖLÜM

AŞKIN HÂLÂ İCABI VE GEREĞİ VAR MI?

Eski çağlardan farklı olarak modern insanlar sorunsuzca yalnız yaşayabilirler. Bu hayat tarzı bir yığın hırgürden uzak durmayı sağlar. Peki aşkın lehine değerlendirilecek bir şey var mı? Tarih boyunca çok uzun süre böyle bir mesele yoktu: Aşk bir ödev hatta çoğu zaman ömür boyu bir zaruretti. Ona aşk mı denir? Öyle diyorlardı. İnsanları böyle bir bağla bağlama kudreti kimde vardır? *Dinde* vardır; insanlar, tanrının birleştirdiklerinin bir daha ayrılamayacağına dair kutsal söze inandıkları sürece. *Toplumda* vardır; şayet buna rağmen ayrılanları toplumsal horgörüyle cezalandırıyorsa. *Doğada* vardır, çünkü doğa öteden beri üremeyi güvenceye almak için hormonlar vasıtasıyla insanları hiç niyetleri olmasa bile birbirlerine doğru iter.

Tüm bu zorunluluklardan kurtulunca işte, 'Aşkın hâlâ ne icabı ve gereği var?' sorusuyla karşı karşıya kalırız. Romantik cevap: *Mutluluk* içindir. Öncelikle karşı konamayacak tutku dolu duygular mutlu edecektir insanları. Dilinizin ucuna, bunun aşkın uzun tarihi boyunca hiç kimsenin aklına gelmeyen çılgın bir fikir olduğunu söylemek gelebilir. Ne çare ki şimdilik daha iyisi de yoktur. Burada belirleyici olan, mutluluktan tam olarak neyi anladığınızdır.

Her aşk önce bir *mutlu tesadüfe* muhtaçtır. Tesadüf eseri şu an şu yerdeyimdir, tesadüfen bir başkası daha o an o yerdedir, böylece birimizden birimize bir kıvılcım sıçrayabilir. Böyle tesadüfler imal edilemez ama pekâlâ *tahrik* edilebilirler. Eğer başkalarına herhangi bir biçimde yeni karşılaşmalara ve tecrübelere açık olduğum sinyalini veriyorsam, ilgi çekici insanlarla karşılaşma ihtimalim kesin olarak artar. İnternet, cazibesinin küçümsenmeyecek bir kısmını bunun için açtığı çok yönlü imkânlara borçludur. Elverişli tesadüfler sayesinde doğru kişiler birbirini bulabilir, elverişsiz tesadüfler yüzünden kaçırabilirler birbirlerini. Bir mutlu tesadüfün gerçekleşmesi, bunun böyle devam edeceği anlamına da gelmez. Mutlu tesadüf yalnızca bir ilişkinin kurulmasının koşullarını iyileştirir fakat çok defa ona emek vermekten alıkoyar, çünkü mutluluk zaten gelmiştir işte. Modern çağda, şayet onu korumak için gereken çaba eksik kalırsa, müşterek hayatı hızla kaybedersiniz.

Yine de her aşkın başında pekâlâ mutlu tesadüf vardır. Peki ama sahiden tesadüf müdür o? Kaçınılmaz zorunluluk, kader kısmet, bilinmez bir gücün bilgece kehaneti olmasın? Tesadüf diye bir şey var mıdır ki zaten? Âşıklar buna bir cevap bulmak ister, bunun için imanı, bilimi veya astrolojiyi yardıma çağırırlar. Böylece, kaçınamayacakları ve ilişkilerine anlam kazandıran bir karşılaşmanın zorunluluğundan emin olmayı umarlar: "Tesadüf diye bir şey yoktur!" Birçoklarının gözünde, salt tesadüftense kaçınılmaz bir zorunluluk, daha sıkı bir bağın güvencesidir. Esasında iki kişinin *neden* bir araya geldiği ve neden *onların* bir araya geldiği, acaba işin içinde hikmetli bir kehanetin mi yoksa sadece aptalca bir yanlış anlamanın mı olduğu sorusu, sır dolu bir soru olarak kalır.

Talihleri yaver gider de iki kişi sonunda kavuşursa birbirine, aşktaki ikinci şans, şüphesiz *saadet hissi* olabilir: Sevenler beraberken kendilerini iyi hisseder, birbirleriyle olmaktan sevinç duyar, ortak duyarlılıkları çok olur, birbirlerinde anlayış ve sığınma bulurlar. Bunların hepsine niyet etmek, aşkta mutluluk için emek vermeyi gerektirir, çünkü mutlu tesadüften farklı olarak saadet hissi yalnızca tahrik edilmez, *imal* de edilebilir. Âşıklar, karşılıklı birbirlerine nasıl hoşluk yapabileceklerini bulup çıkarmalı ve sürekli yeni denemelerle sınamalıdırlar. Leziz bir yemek olabilir, uzun bir sohbet olabilir, kendini ona vererek şefkat göstermek olabilir, harikûlade bir akşam olabilir, tutku dolu bir gece olabilir, başka birçok şey olabilir.

Ortak yaşantılar, beraberce üstesinden gelinen meydan okumalar, beraber tadılan zevkler güzel zamanlar, mesut edici tecrübelerdir, mümkün olan her an sevincine varmak gerekir bunların. İster uçucu olsunlar ister biraz süregitsin, bunların *mutluluk anları* olduğunun bilincinde olmak, o anların her birini kıymetli kılar. Sonrasındaysa, o zamanların başka bir şekilde dönüp gelmezden önce geçip gitmesine bozulmamak önemlidir. Aşkın kesintisiz haz ve hoşluk hissiyle dolu olmasını herkes ister ama hayat bunu karşılayamaz. Zevk dolu zamanların da *nefeslenebilmesi* gerekir, bunun için de başka vesilelerle heba ettikleri kuvvetlerini yenilemek üzere molalara ihtiyaç duyarlar.

Aşk berdevamsa, üçüncü bir şansın daha yardımı olur: *Doygunluğun mutluluğu.* Olumlu ve olumsuz, bütün tecrübelerin verdiği doygunluktur kastedilen. Bu mutluluğa erişmek için de her erkek, her kadın bir şeyler yapabilir, onun şu soru üzerine düşünmekle edindiği ve hayata geçirdiği *manevî tavra* bağlıdır bu: Hayatın ve aşkın temel vasfı nedir? *Kutupsallık* değil midir, zıtlıklar arasındaki hareket değil midir, her ikisinde de kendini gösteren? Bunu esas itibarıyla kabullenebilecek miyim? Hayat ve ilişki, bütün kutupsallığıyla, yine de bana onaylanmaya değer görünüyorlar mı? O zaman, *nefes alabilen* bir mutluluk mümkün olur, o zaman geçip gitmesine izin veremeyeceğim güzel zamanlara pençelerimle tutunmam gerekmez, ortak hayatın başka zamanlarını da hazmedebilirim: "sonrasındaki" anları da, "aradaki" zamanları da, gündelik hayatın "fasılalarını" da, keyif kaçıkken geçen hüzünlü zamanları da, ötekinin hoşnutluk hissini okşayan yanlarından başka bir cephesi de olduğu –tıpkı benim gibi– kafaya dank edince düşülen hayal kırıklığını da. İkimiz de, diğerinin bu cephemizi cömertçe görmezden gelmesini isteriz.

Üçlü mutluluk aşk için önemlidir ama en önemlisi, mutluluğun muhtelif türlerini içinde barındıran kuvvetli bir *anlam sezgisi* kazandırmasıdır. O zaman insanlar, hiçbir biçimde mutlu olmadıklarında bile aşkta anlam bulabilirler. Bir bağlantının olduğu yerde anlam vardır ve aşk iki insan arasında kuvvetli bir bağlantı kurar: Farklı meziyetleriyle birbirlerine sıyanet eder ve beraberce, tek başına olduğundan daha kuvvetli olurlar. Tanıdığım bildiğim, beni alâkadar eden ve bana herhangi biri gibi bakmayan bir insan vardır orada, fikir alışverişinde bulunabileceğim ve onun için bir şeyler hissettiğim bir insan – o an bu his sadece kızgınlık olsa bile.

Aşk, anlamı bulmanın tek yöntemi değildir ama çok etkili bir yöntemidir. Keşfedebileceği ve sağlamlaştırabileceği bağlantılar sayesinde aşk, nice bağlantının paramparça olduğu modern çağın anlam arayışında büyük anlam yaratıcısına dönüşür: *Aşkın anlamı, anlam yaratmaktır.* Birçokları hayatın yegâne anlamını onda görür; bunun da tehlikesi, aşkta çuvallamanın hayatı sorgulatacak bir anlamsızlığa yol açmasıdır.

Aşıklar birçok düzlemde birbirlerine anlam yükleyebilir ve bunu beraber yaşayabilirler: bedensel, ruhsal, zihinsel düzlemde ve aşkınlık düzleminde. Bu sıralama tek tek düzlemlerin değerini düşürmez de yüceltmez de. Sevenlerin benimsediği *yoruma göre*, aşkları bir veya birçok düzlemi kat edebilir. Aslolanın hangisi olacağı sorusuna verdikleri cevaba bağlıdır: Bedensel karşılaşma mı, ruhsal duyuş mu, zihinsel alışveriş mi?

İlişkiyi hem büyük istikrar hem de esneklikle donatmak için, onu birkaç düzlemde birden temellendirmek anlamlı görünür: Düzlemlerin birinde karşılaşılan zorluklar öteki düzleme kayarak savuşturulabilir o zaman. Aşk en rahat, muhtelif düzlemler arasında gidip gelebildiğinde ve birisi ötekini bir defa da onun düzleminde ağırladığında *nefes alabilir*. Çünkü aşkın bir zorluğu da, sevenlerin ihtiyaçlarının her zaman aynı düzlemde konuşlanmamış olmasıdır.

İKİNCİ BÖLÜM

AŞK YAPMAK:
EROTİK KARŞILAŞMANIN PEMBE SAATLERİ

Aşkın bedensel düzlemi büyük ölçüde *duyusallıkla*, sevenler arasındaki bağlantıları güçlendirerek *anlam* yaratan beş ilâ yedi duyuyla ilgilidir. Bu esnada bütün duyular etkin hale geçebilirler, üstelik hepsi birden aynı anda etkinleşebilirler, ki başka türlü pek kolay olacak şey değildir bu – hele duyuları etkinleştirmekten çok körelten teknolojilerin hükmü altındaki modern hayatta.

Birçok erotik deneyim ötekini *görmeyle*, onu *görmeye doyamamayla* (en azından bazen), onun sesini *duymayla*, onu *koklamayla* (ilişki, onun kokusunu alabildiğinizde başlamıştır zaten), onunla öpüşmenin *tadını almayla*, ona *dokunmayla*, dans ederken onla birlikte *devinmeyle* (altıncı bir duyu), onu *içinde hissetmeyle* (yedinci bir duyu) bağlantılıdır. Uzak mesafeden de işleyebilir bu: onu uzaktan görmek, telefonda sesini işitmek, bıraktığı bir kıyafet parçasını koklamak, öpüşünün tadını hayal etmek, gündüz düşlerinde ona dokunmak, bedenen orada değilken de devinimlerini algılamak ve onu içinde hissetmek, tahrik ve cezbedebilir insanı.

Aşk, duyguların dışında aynı zamanda bedenlerin karşılaş-

masıdır ve bu karşılaşma bazen tek başına her şeye baskın gelebilir, bunun dışında gayet duygusal ağırlıklı olan bir ilişkide bile. Bedensel duyusallığın esaslı bir unsuru da cinselliktir. Cinsellik, ilişkide kelimenin tam anlamıyla aşk *yapmakla* meşgul olunan *pembe saatlerin* teminatıdır. Cinsel haz yeteneği insanın doğal istidatları arasındadır ama bu istidadın kültürel ve bireysel bir eğitimden geçmesi gerekir, tıpkı okulların ve birçok bireyin kendisini eğitmeye gayret ettiği entelektüel yetenek gibi. Her kadın ve her erkek cinsel haz yeteneğini, onu kullanarak ve edindiği tecrübelerden yeni şeyler öğrenmeye açık olarak, kendi kendine geliştirebilir. Yatakta da sanat beceriye dayanır ve o beceri de kendiliğinden olmaz, edinilmesi gerekir. Karl Valentin'den serbest uyarlamayla: *Sevişmek güzeldir ama çok emek ister.*[1]

Alıştırma yapmak önemlidir, *alıştırma, alıştırma, alıştırma*. Bilgi de önemlidir, özellikle cinselliğin cinsiyetlere göre farklılıklarını bilmek önemlidir, böylece birbirinize ithamlarda bulunacağınıza karşılıklı bu farklılıklara eğilebilirsiniz. Erkeğin ve kadının birçok özelliği, içinde yaşadıkları *kültür*ün etkisindedir, gereken zamanı ve zahmeti esirgemezseniz bireysel olarak üzerinde işlenebilir. Bütün bunlarda daha zor olan, *doğayla* ilgili olduğunu tahmin ettiğimiz yanı işlemektir.

Nörobiyolojik araştırmalar, oluşum halindeki erkek beyninin daha ana karnında genetik programlama gereği testosteron hormonuna boğulduğunu gösteriyor. Bu, beynin *cinsellik ve saldırganlıkla* ilgili yapı taşlarını *iletişim yetenekleri* aleyhine güçlendiriyor. Dişi beyninde ise testosteron eksiği nedeniyle tam tersi oluyor; her iki durumda da istisnalar kaideyi teyid ediyor. Bunun sebepleri evrim tarihinde yatıyor olabilir, muhtemelen değişik kuvvetli yanların bir bileşimi, hayatta kalmayı sağlayacak üstünlükleri artırıyordu.

---

1 Sözün özgün biçimi: "Sanat güzeldir ama çok emek ister."

Her halükârda sonuç, erkek cinsiyetinde cinsel güdünün belirgin oranda fazla olmasıdır "ve bu fark hayat boyu baki kalır" (Louann Brizendine, *Das weibliche Gehirn*,[2] 2006). Erkeğin ihtiyaçlarının bir mazereti midir bu? Aynı şekilde başka türlü yapılanmış dişi ihtiyaçlarının mazereti de sayılabilir.

Cinsellikte dünyalar çarpışır: *Erkeğin* kafasında sahiden bir tek şey vardır, çabucak hedefe varmak ister, saldırganlaşabilir de bu sırada, *kadınsa* daha konuşmak ister, iletişimcidir. Hepsi böyle değildir, bazıları değişik davranabilir. Devamında olanlarda da değişik davranabilirler, zira iki taraf uyuştuğunda da çelişkiler devam eder: *Erkek* çabucak doruğa tırmanmaya çabalarken *kadın* acelesiz olsun ister. Doruğa varırlarsa da değişik yollardan giderler: *Erkek* bunu kadının içine girerek, yani vajinal yaşar, *kadınsa* klitoral tatmini tercih eder, en azından anketlere bakılırsa kadınların çoğunda böyle görünmektedir. *Erkek* bunu bilirse, klitoral tatmine katkıda bulunacak bir şeyler yapabilir ama *kadının* kendisi de her zaman bilmez bunu, cinsel aydınlanma çağında bile bilmeyebilir. *Sonrasında* ise erkek uyumak ister çünkü onu tahrik etmiş olan testosteron tüketilmiştir. Kadınsa içinde aşırı doz testosteronun varlığını hisseder, uyanık hisseder ve tekrardan – konuşmayı ister.

Burada uyuşmayan çok şey var, doğanın aklında ne vardı ki acaba? Belki de üreme için, sadece organların birbirine denk gelmesini önemsemişti. Sevenler için ise birçok şey "geri kalanı" da uyumlu kılmaya bağlıdır: *Güzel sevişmeden güzel insanlar çıkar*, âşıklar ellerini korkak alıştırmamalıdırlar. Salgılanan östrojen, hücrelerin yenilenme kabiliyetini artırır, ten daha uzun süre sıkı ve esnek kalır. Bağlanma duygusu prolaktin ve oksitosin gibi hormonların bol bol salgılanmasıyla güçlenir. Endorfinler gerilimleri azaltır, ruh halini ferahlatır. Kalp ve kan dolaşımı hastalıklarına olan

---

2 Dişi beyni.

yatkınlık azalır, immunoglobulin A antikorunun seviyesi yükselir, bu da enfeksiyonlardan korunmayı artırır ve yaraların iyileşmesini destekler. Fazla dolu bir zihin bile dinlenebilir bu sayede, yeni ilhamlar bulabilir. Anlaşılmayan bir şey kalmış mıdır?

Aşk, bedensel düzeyde de, *nefes alabilen* bir aşk olursa daha iyi yaşanır; kendini vermeyle sakınımlılık arasındaki, cezbeyle zahidlik arasındaki nefes alış verişiyle sağlanır bu da. Âşıklar hem kendilerini bırakabilme kabiliyetine, hem de bazen geri durabilme kabiliyetine ihtiyaç duyarlar.

Kimilerine, keşişliğin sırf düşüncesi bile kâbus gibi gelir. Keşişliğin topyekûn *haz düşmanlığı* demek olduğuna inanırlar, cezbe ise hakiki hayattır, hazzı dolu dolu yaşamaktır onlara bakılırsa. Oysa keşişlik, hakikatte en azından iki nedenle *haz dostudur*. Daha fazla arzu duyanın, ötekinin arzusunu beklemesine yardım eder, böylece ikisinin arzusu birden alevlenir. İkincisi, cezbe halinde yakılıp tüketilen kuvvetleri tazelemeye yardım eder, böylece gazetelere yansıyan genç Sicilyalı'nın başına gelenden sakınmış olurlar. Genç Sicilyalı, aşkıyla yandığı kadına erişmesinin önünde nihayet hiçbir engel kalmadığına, onunla tamamen yasal ve meşru olarak sevişebileceğine çok sevinmişti. Gazete haberine göre, üç gün üç gece sonra hastaneye kaldırıldı; fiziksel ve psişik olarak tamamen tükenmişti.

ÜÇÜNCÜ BÖLÜM

AŞKI HİSSETMEK:
GÜÇLÜ DUYGULARLA DOLU KIRMIZI SAATLER

Ruhsal düzlem esasen *duygularla* ilgilidir; ayrıca bedenler buluşsun buluşmasın, öyledir. Aşk yapmanın bedenlerle mümkün olması gibi, ruhsal açıdan da aşkı *hissetmek* gerekir. Duygular ruhun dilidir, romantizmin yurdudur, âşıklar romantizme değer veriyorlarsa duyguları hep gözetmeli, esirgeyip kollamalıdırlar.

Peki ama ruh nedir? Belki de hayatın ve aşkın temelini oluşturan muazzam *enerjileri* tanımlayan bir kelimedir bu. İnsanları ve bütün varlıkları harekete geçiren, onları yaşatan ve sevmeye sevk eden o *bir şeyi* tanımlayan bir kelimedir.

Hangi enerjilerdir söz konusu olan? Temasla hissedilebilen ısı enerjisi gibi, nörobiyologların beyindeki akımlarını ölçebildikleri elektrik enerjisi gibi, bilinen enerjilerdir. Her iki enerji formu da ölüm anında hissedilebilir ve ölçülebilir bir şekilde insanın bedenini terk eder, ondan sonra artık herhangi bir hareket imkanı kalmaz.

Belki de ruh için bunun ötesinde bilinmeyen, "karanlık" enerjileri hesaba katmak gerekir; mesela astrofizikçilerin hesaplamaları tutsun diye evrenle ilgili varsaydıkları gibi. Fizikçi Hermann Helmholtz'un 1847'de formüle ettiği ve hâlâ geçerliliğini koruyan ünlü enerjinin sakınımı kuralı da herhalde bütün enerjiler için geçerlidir: Enerji değişik formlara dönüştürülebilir fakat yok edilemez. Başka deyişle: *enerji ölmez*. İnsanın özü sahiden ölümsüzdür, böyle bakarsak. Bütün kültürlerin kadimden beri ruh hakkında iddia ettikleri de bundan başka bir şey değildir, sadece modern kültür bir ara unutmuştur bunu.

Aşka mahsus olan, ruh alanındaki zengin enerji hareketleriyle beraber gelişmesidir. Kişi bunu arzuluyorsa, aşk ilişkisine girmekle doğru yolda demektir. Yakınlaşma ve hoşlanma duygularıyla insanlar birbirlerine karşılıklı enerji aktarabilir ve kendilerindekinden çok daha fazla enerjiye paydaş olabilirler. Taze âşıklarda gem vurulamayan enerji akışının sonucu, kendini sonsuz kuvvetli, "dağları devirebilecek" ve "tüm dünyayı kucaklayabilecek" gibi hissetmektir. En ağır şartlarda bile, aşkları için yaşamak uğruna hiçbir zahmet fazla gelmez onlara. Çocuklar bile başkalarından ilave enerji almak için çok şey yaparlar, çünkü insanlar *enerjiye muhtaç varlıklardır*, düşünülebilir bütün biçimleriyle aşka açtırlar. Enerjinin aktığı ilişkilerde iyileşir, enerjiye ket vuran ilişkilerde hastalanırlar.

Duygusal yoğunluk anları, ilişkinin *kırmızı saatleridir*. Bu zamanlarda anlam sorusu gündemden kalkmıştır, bu da anlamla enerji arasındaki ilişkiye bir işarettir: Enerji ancak bir ilişki, bir bağlantı olduğunda akar ve anlam üretir. Sorun şu ki, enerji dolu duygular sadece romantik duygular olamazlar, gayrı romantik sayılan başka duygular da vardır devrede: *Aşk sadece iyi duygulardan değil iyi olmayan duygulardan da müteşekkildir*; işin içinde keyifsizlik, güvensizlik, haset, kıskançlık, öfke, acı, hüzün, içerleme, bazen nefret veya nefretten doğan aşk da vardır, bazen iyi ilişkilerde bile olur bu. Aşka *nefes aldırmak* demek, çelişkileri kabullenmek ve ara

ara onlara ihtiyaç duydukları alanı bırakmak demektir. Sevinçli hissederken, başka bir evrede başka hislere kapılmanın da mümkün olduğunun bilincinde olmak; acı duygular içindeyken de fazla vakit geçirmeden onların akıntısına karşı kürek çekmek – ki kendi başlarına hâkimiyetlerini kurup da ilişkiyi mahvetmesinler,

Aşkı zorlu kılan, mesela durmadan, neredeyse gün be gün, içten ve dıştan, sebepli sebepsiz yeniden oluşan *hiddettir*. Her kadın, her erkek onu boşaltmak ister, en azından bir defalığına, tamamen kurtulmak üzere. Bunu başaramamalarının nedeni belki de onun her şeye rağmen bir *anlamı* olmasıdır; bu anlam, ferahlama hali galebe çaldığında yeniden gerilim temin etmekten ibaret olsa bile. Aslına bakılırsa âşıklar hiddetin zorunluluğunu gayet iyi anlarlar: Sevenler, kızdırana kadar birbirlerine takılır dururlar. Yine de birbirlerini itham ederler bundan ötürü: Uyumu ve anlaşmayı kasten bozan hep ötekidir, böylece ikilik acı verici biçimde hissedilir hale gelir. Demek aşkınız pek de yol almamıştır. Hiddet, onu içermeyi becerse ve âşıklar onu birbirlerine itiraf edebilseler daha iyi yaşanabilecek olan aşkı kesintiye uğratır. Zorluğu aşmanın yolu, oluruna bırakmak ama fazla ileri gitmesine de izin vermemektir ki, hiddetten nefret doğmasın.

Duygular seçim konusu değildir, ya vardırlar ya yokturlar. Ama duygular karşısındaki *tutumunuzu* seçebilirsiniz: kendini koyvermek ya da sakınganlık, cezbe ya da zahitlik, duygularla, –ister sevinçli ister hiddetli duygularla–, alışverişte de seçime tabidir. Duygular jestlerle veya davranış biçimleriyle tahrik edilebilir yahut gemlenebilirler. Modern öncesi çağda, bu bastırma ruh sağlığı açısından her zaman yararlı olmasa bile duyguları bastırmayı talep eden bir sosyal norm vardı. Modern çağda farklı bir norm, nahoş gelişmelere yol açsa bile duyguları serbest bırakmayı talep eder. Bilinçli seçilmiş bir tutum alarak, bir yandan duygular içinde yüzmek, diğer yandan da duygularda boğulmamak için onlara set çekmek mümkün hale gelir – meğer ki, tam da o boğulma hali aşka dair tanımınızın bir parçası olsun.

Aşkın ruhsal düzlemde nefes alabilmesi için, ruhun *istiridye vasfına* sahip olması gerekir, Ruhun dışsal koşullara ve kendi iç durumuna bağlı olarak doğru anda açılabilmesi veya kapanabilmesi, çok şeyi değiştirir. Ruh, açıldığında, erişilebilir ama aynı zamanda yaralanabilir hale gelir; kapandığında kendini tecrit eder ve yaralanmalardan korunur. Düşünce gücünün yardımıyla "ruh kaslarını" hareket ettirebilmeyi öğrenmek, böylece bazen iradî olarak kendini koyverip sonra geri çekilebilmek, alıştırma meselesidir. Ancak uzun süren bir deneyim ve tefekkür süreci sonucunda, hangi durumda neyin uygun olacağına dair, açılma veya kapanmada bir eksikliğin ya da aşırıya kaçmanın ne zaman, nerede ve nasıl dengelenebileceğine dair bir sezgi gelişir.

DÖRDÜNCÜ BÖLÜM

AŞKI DÜŞÜNMEK:
DÜŞÜNCE ALIŞVERİŞİNİN MAVİ SAATLERİ

Aşkın üçüncü bir düzlemi zihinseldir: İkisi de muhtemelen aynı enerjiyle ateşlenseler de duygularla aynı şey olmayan *düşüncelere* dayanır, esasen. Duygular düşünemezler, sadece düşünceleri renklendirebilir ve onlarla beraber salınabilirler. Ancak insanlar düşünceleriyle duygularını bilinçlendirebilir ve onlara etkide bulunabilir, onları uyandırabilir veya uyuşturabilirler: *Aşk sadece duygulardan değil, aynı zamanda düşüncelerden oluşur.* Düşünce alışverişi, tek başına bir ilişkiyi taşımaya yetebilir ("platonik aşk"), yine de bunun başka düzlemlerle de birleşmesi daha makbuldür.

Zihinsel düzlemde aşkı *düşünmek* ve *yorumlamak* mümkün olur. Bilhassa çaresizlik, hayal kırıklığı ve ümitsizlik galebe çaldığında, bu düzlem aşkın *meta-düzlemine* dönüşebilir ve şu yakıcı sorulara alan açabilir: "Bize ne oluyor? Bu hale nasıl geldik? Bu durumdan nasıl çıkabiliriz?"

Her kadın, her erkek her zaman kendi kendine düşünceler kurabilir, ancak konuşarak düşünce alışverişinde bulunmanın değeri ayrıdır. Aşkın *mavi saatlerinde* bu konuşma, akşam semasının gecenin eşiğinde büründüğü sihrin ilhamıyla, belki ilerleyen saatlerde beraber içilecek birer kadehin de katkısıyla, ilişkinin ritüel unsuru haline gelebilir. Aşkın her düzlemi gibi zihinsel düzlem de, her zaman yolundan gidilebilecek bir doğallığa erişmek için düzenli alıştırmaya ihtiyaç duyar. *Ne sıklıkla?* Her gün değil, o kadarı sıkıcı olur. Ama yılda sadece bir defa, mesela yılbaşı gecesi geçen senenin muhasebesini yapar gibi de değil – öylesi, bu ritüelin son seferi olabilir.

Bir hedefe ulaştıran konuşmalar olması gerekmez bunların, işyeri toplantısı gibi olmaz. Tanrı ve dünya üzerine bir çene çalma olabilir, yani birbirinize tecrübe ve düşüncelerinizden bahsederek öz anlamıyla sohbet edebilirsiniz, deyim yerindeyse kısa mesafe frekansından kablosuz yayında, *bluetooth modundasınızdır* – ama dijital değil de analog. Belirleyici olan konuların mühim veya ehemmiyetsiz olması değildir, ötekinin dünyasıyla yakın temasta kalmak, onun deneyimlerini onunla beraber yaşamak, onun duygularını hissetmek, onun düşünceleri üzerine düşünmek, en azından buna dair bir izlenim edinmektir belirleyici olan: "Neler yaşadın? Başına neler geldi? Kafandan geçen ne? Sana tesir eden nedir?"

Böylesi konuşmalar olmazsa, âşıklar bir araya geliş anından itibaren ayrı düşmeye başlarlar, zira modern çağda aşkın dinamiği öyle işler. Modern öncesi zamanlardan farklı olarak ikisi de çoğun, birbiriyle fazla alışverişi bulunmayan değişik dünyalarda yaşıyorlardır. Birisi şurada çalışıyordur birisi orada; bir vakit sonra artık birbirlerine söyleyecek bir şeyleri kalmaz, nasıl bu hale geldiklerini kendilerine izah edemezler bile.

Mavi saatlerde, sevenler kendilerini ve ilişkilerini tekrar güncelleyebilirler (*update*). Belki düzleşmeye başlayan ilişkiyi, sessiz sedasız, tekrar yeni bir düzleme yükseltebilirler (*upgrade*). Ötekine duygularımı ve düşüncelerimi, endişelerimi ve zorluklarımı anlatıp onun yorumlarını dinleyince, bunlarla ilgili kendi kafam da açılır, her şeyi daha iyi yerli yerine koyabilirim. Düşünce alışverişinde hayatta ve dünyada yönümüzü bulmamızı kolaylaştıran *yorumlar* geliştirir, bu arada bağlantılar, yani *anlamlar* kurarız: "Senin, benim, ikimizin hayatında, arkadaşlarımızın ve tanıdıklarımızın hayatlarında, mahallede, köyde, şehirde, toplumda ve dünya toplumunda şu aralar olup bitenler, ne anlama geliyor?"

Mavi saatlerde birbirimiz için bal peteği ve ağlama duvarı olabiliriz. *Bal peteği* oluruz, çünkü ötekinin mevcudiyetinin ve dikkatini bize vermesinin zevki, bal kadar tatlıdır. Modern çağda dikkatimize hiç durmadan dört bir yandan talip çıkar; bunun sonucu, dikkatin bin parçaya bölünmesi ve hiçbir insanın başka bir şeye veya başkasına ayıracak birkaç dakikadan fazla zamanının olmamasıdır. Bu koşullarda iki kişinin bir süreliğine tamamen birbirlerine ait olması, bu dünyada kendilerini bir başkasına bırakmaları, onu hissetmeleri ve kendilerini onun yerine koyarak düşünmeleri, ne güzeldir! Dikkat de bir enerji hareketidir ve modern koşullarda verilebilecek en güzel hediyedir: Başkalarına dikkatini hediye etmek...

Mavi saatlerde birbirimiz için *ağlama duvarı* da olabiliriz – şayet bunda mutabıksak. O zaman nihayet bütün kızgınlıklarımız için, öncelikle de ötekinin bilerek bilmeyerek yol açtığı kızgınlıklar için ağlayabiliriz. "Gözlerimin içine bak," demişti bana karım bana böyle bir vesileyle. Baktım ve gözlerinde her zamankinden farklı bir şeyler görür gibi oldum. "Harika"; dedi hoşgörüyle gülümseyerek, "iki hafta önce gözlüğümü değiştirmiştim!"

Hiddet hâkim olmamalıdır o konuşmalara, yoksa bir daha mavi saatleriniz olamaz. Ama hiddetin de bu çerçevede bir yeri vardır, daha rahat edeceği başka yer de yoktur zaten. Bu sadece ötekinin yol açtığı kızgınlıkla ilgili değildir, ötekiyle hiç alakası olmayan fakat yine de içinizden atabilmek için bol keseden esip gürlemenizin gerektiği kızgınlıklar için de geçerlidir. Şefinizle, meslektaşlarınızla, süpermarkette olanlarla ilgili kızgınlığınızı başka nereye boşaltacaksınız? Kızgınlık, dile getirildiği anda çözülüp dağılabilir. İyi gelir insana, iyi geldiğini yaşayıp öğrenen kimse de bundan vazgeçemez; ruhsal-manevî sağlığın bir parçasıdır.

BEŞİNCİ BÖLÜM

AŞK OLMAK:
KENDİNİZİ TAMAMEN UNUTTUĞUNUZ MOR SAATLER

Nadir anlarda, zaman duygusunu yitirdiğiniz bir sohbette mesela, insanlar arasında "daha ötesine geçen" bir boyut bile hissedilir. Her kadın, her erkek bir kere yaşamıştır bunu, âşık olduğu kişiyle konuşurken olsun, en sevdiği erkek veya kadın arkadaşıyla konuşurken olsun. Saatler geçer, farkına bile varmazsınız: "Ne, o kadar geç mi oldu?" Çok defa yoğun duygularla kesişen içten bir bedensel temas da yol açabilir bu hale. Bu dördüncü düzlemde aşkın varlığı, aşk *olmaktan* ibarettir. Bu tecrübeyi "imal edemezsiniz", fakat sevenler kendilerini buna açık tutarak münasip fırsatların gelmesini sağlayabilirler.

Bu düzlemin tam olarak nasıl tasvir edebileceği, açık değildir. Ancak o esnada olağan gerçekliğin ötesine geçildiği için (Latincede *transcendere*), bu olağanüstü tecrübeye *aşkınlık* adını verebiliriz. Dar anlamda dinle ilgili olması gerekmez bu aşkınlığın, mamafih dogmaların bozmadığı bir dinsel ve ruhsal tecrübenin nasıl olacağına dair bir fikir verir. Tümüyle kendini unutan benlikler, belirli bir imana gerek olmadan çözülür, erirler o anlarda.

Oscar Wilde'ın bir mektubunda bahsettiği bu *mor saatlerinde* ilişkinin, zaman durmaz sadece, basbayağı yitip gitmiş gibidir. Onun yerini hudutsuz, yerçekimsiz bir hafiflik deneyimi alır, tanrısal bir ölümsüzlük duygusu, kuvvetli bir duyusal tecrübe. Tecrübenin sadece bir "yanılsama" olup olmadığının önemi yoktur, önemli olan sadece onun âşıklar ve ilişkileri üzerindeki etkisidir: Kendilerini birbirlerine ebediyen bağlı hissetmelerini sağlamasıdır. Aşkın çok insanın peşine düştüğü *gizemi*, bu ebediyet anında, bu ölümsüzlük duygusundadır herhalde. Yeni bir aşk arayışında daima bunun özlemi devrededir.

Sürreel deneyimin reel bir nedeni, muhtemelen her şeyin kaynağında yatan, her şeyin geldiği ve her şeyin ona geri döndüğü enerjinin bilhassa böylesi anlarda alımlanabilir olmasıdır belki. Kutupsallık bu yönden de geçerli ise şayet, *fanilik* ve gerçeklik boyutunun karşı kutbu işte bu olmalıdır: enerjiyle ve dolayısıyla olanaklarla dolu bir *ebedilik* boyutu.

Tekil olanaklar, her seferinde sınırlı süreyle de olsa, varlıklar ve şeyler suretinde gerçeklik kazanabilirler. Âşıklar, kendi gerçeklikleri içinde onlara "kozmik" veya "tanrısal" görünen enerjiyle bağ kurduklarını hissederler böyle anlarda. O enerjinin nasıl her şeye etki ettiğini ve her şeyle her şeyi birleştirdiğini algılarlar. Enerjinin kurduğu bağlantılar her yeri kaplar, bu nedenle âşıklar için her şey *anlamla* dolu olabilir; kendi benlikleri de, ötekilerle, tüm hayatla, tüm dünyayla ve belki onun ötesine uzanan bir boyutla olan ilişkileri de – ki tasavvur edilebilir en kapsamlı bağlantının temsilidir o boyut. Olanaklı bağlantıların çokluğunu algılamak, en derin doygunluk hissini veren tecrübedir.

Aşkın başlangıç zamanlarında aşkın tecrübeler kendiliğinden devreye girerler, keza devam eden bir ilişkide tekrar tekrar âşık düştüğünüzde de öyledir. Aşk zamanla çürüyecek diye bir kural yoktur, tersine zamanla daha güzel olduğunu deneyimleyenlerin sayısı az değildir. Atlatılan ve güzellikle üstesinden gelinen meydan okumaların ve zorlukların ölçüsüne bağlıdır bu. Olgunlaşmış aşkta *gönlü ferah bir rahatlık* mümkündür, fazla söze hacet duymayan sessiz sakin bir mutluluk. Rahatlık, bırakmaktan doğar: belirleyici olmayı istemek yerine akışına bırakmak; bir çok şeyi ötekine bırakmak, onun kendi üzerinde belirleyici olmasına izin vermek. Gönlü ferah olmak basitçe neşeli olmak demek değildir, hayatın bütünüyle bir bağa sahip olma duygusudur, aşkınlığın daima hazır ve nazır olduğu bir duygudur bu.

Bu kendisini en iyi *mizahta* gösterir: Mizah duygusunun olmadığı bir ilişki, mizahsız bir aşk olabilir mi hiç? Mizahta, hayatın çelişkilerini inkârdan gelmeyen bir yaşam sevincinin kıvılcımı çakar. Ne denli gönlü ferahsa mizahın, üstesinden gelmesi gereken çelişkiler o kadar büyüktür. Mizah insanîdir, mizah duygusu olan insanlar, kendilerini ve başkalarını, hayatı ve dünyayı, her yerde karşımıza çıkan çelişkilerden ve çatışmalardan ötürü bıkıp usanmadan suçlamaya meyletmeyen insanlardır. İhtimam, mizahın humuslu toprağında yetişip boy atar, her türlü çelişkinin içinde yine müşterek olanı görebilen mesafeli bakış işte o geniş zeminde mümkün olur.

Aşıkların her türden aşkın deneyimden devşirebilecekleri kuvvetler, her aşkın önüne dikilen en büyük zorluğu teşkil eden sorunu: Gündelik hayatı yaşama sorununu alt etmekte yardım eder onlara.

ALTINCI BÖLÜM

GÜNDELİK HAYATTA AŞK: GRİ, IHLAMUR YEŞİLİ VE ÖTEKİ SAATLER

Hakiki romantikler gündelik hayatın kendisinde aşka ihanetin kokusunu alırlar, ben de uzun zaman böyle görmüşümdür bunu. Gündelik hayat yoğun duygularla değil, daha ziyade başka türden ebediyet anlarıyla kaplıdır: gün be gün, hep aynı şeylerin ebedi geri dönüşü. Her gün kalk, yıkan, kahvaltı et, çocuklarla ilgilen, işe git, alışverişi yap, eve gel, öte beriyi çıkart, öte beriyi yerlerine yerleştir, yemek pişir, yemek ye, temizlik yap, televizyon seyret, bir şeyler iç, yatağa git. Aşkı romantik bir şey olarak tasavvur ettiyseniz, bunu cazip bulmazsınız. Ama aşkta belirleyici olan da bu gündelik hayattır, pek heyecanlı olmayan, bu nedenle romanlarda, filmlerde, dramalarda nadiren gerçeğe tekabül eden oranda takdire mazhar olabilen bu kobay labirentidir; bizzat bu durum da aşkın yorumlarına damgasını vurur. Fakat kim "90 dakikada, 3 boyutlu bir 24 saat" adını taşıyan bir filmi izlemek ister ki? Niye para ödeyesiniz bunun için? Zaten herkesin evinde vardır bu sansasyon.

Gündelik hayat, en güzel tutkular sünmeye yüz tuttuğunda, onların yerini alabilir, çünkü ömür hep tutkuyla dolu olmayabilir. Sevenler tam da o vakit, birbirlerine her zaman yakın olabilmek için, yaşamlarını olabildiğince çabuk ortaklaştırabilmenin yordamını aramışlardır. Fakat şimdi de kendilerine mahsus tuhaflıkları ve alışkanlıkları kafa kafaya çarpışır. İkisinin kendi kürelerinin mekânsal ve zamansal olarak çözülüp dağılması hareket alanlarını büyütebilecektir aslında, ne var ki ebedi içiçeliğe olan imanı terk etmek onlara zor gelir.

Gündelik hayatın *anlamına* ilişkin düşünceler, ona karşı başka bir tavır takınmaya yardım edebilir aslında. Gündelik hayatın hazır ettiği ve geçici bir ayrılığa göğüs germek gerektiğinde, herkes kendi yoluna gittiğinde ve aşk hissi belki bir süreliğine mola verdiğinde de müşterek yaşamı bir arada tutmaya devam eden sağlam çerçeve, anlamlı gelir insana. Hisler her zaman hazır beklemeyebilirler; gündelik hayat, sevenlerin birbirlerinin yorgunluğunu atması gerektiğinde veya o esnada iş veya çocuklar daha önemli olduğunda, hislerin varlığı ile yokluğu arasındaki *nefes alış verişini* mümkün kılar. Böyle bir mola ne kadar sürer? Saatler ("beni hâlâ seviyor musun?"), günler veya haftalar. Aylar olduğunda artık zahmeti epeyce artar ama bazen yıllar sürdüğü de olur. On yıllara uzanmaması iyi olur.

Aşk, sadece habire aşkın kendisiyle değil, kaçışı olmayan gündelik zaruretlerle de meşgul olduğunda, daha yaşanabilir olur. Gündelik hayatın ebedi geri dönüşünün yarattığı sûflî dışsal izleniminin aksine, şurası kesindir: Gündelik hayat ebediyen var olmayacak. Bunu fark etmekte gecikirseniz, yazık olur. Onunla kavga etmek zaten nafiledir, o halde niçin hoş karşılamayasınız? Yalınlığı ve güvenilirliği ile güzel bile değil midir hatta? Gündelik hayatı reddetmek yerine onunla arkadaş olmak, dönüp dönüp geri gelen şeyler ve uğraşlarla baş etmeyi de kolaylaştırır. Bunların icap ettirdiği pragmatik ilgiyi bahşettiğinizde, o arada başka bir şey için romantik alan da açılır tekrar, her ikinizin hoşuna gider.

Gündelik hayatta alışkanlıklar büyük rol oynar; kendi alışkanlıklarınız ve ortak alışkanlıklar. Birçokları burada aşkın ölümünü görürler ama alışkanlıklardan tamamen arınmış bir hayat olamaz. İnsanlar alışkanlıkların içinde ikamet eder, onların sağladığı tanışlığın ve korunaklılığın zevkine varırlar; böylece ikili hayata dair şu yorum mümkün olur: *Aşk yalnız duygulardan değil, ortak alışkanlıklardan da oluşur.* Birkaç yıl önce aşk üzerine bir tebliğimi ilk kez sunduğum İtalya'da –başka nerede olacaktı zaten!–, yoluma devam ederken trende genç bir kadına rast geldim ve onunla sohbete koyulduk. Tebliğimden ve burada dile getirdiğim savdan söz ettim ona, o da henüz sona eren ilişkisinde eksikliğini çektiği şeyi şimdi daha iyi anladığını söyledi: "Alışkanlıklarımız yoktu bizim."

Eskiden dinin, geleneğin ve törelerin tayin ettiği alışkanlıklar ve ritüeller, ortak zamanlar bulmaya yardım eder. Eskiden, yemek saatleri gong çalarak belirlenirdi mesela. Modern çağda çiftler ve aileler bundan azat oldular, çoğu böyle zorunluluklarla işleri olsun istemiyorlar: Herkes canı ne zaman isterse buzdolabından bir şeyler alıp yiyor. Herkes, çalışma saatleri ve kişisel boş zaman planlaması tarafından yapılandırılan kendi zamanını yaşıyor. Fakat ortak yaşamın ortak yemek saatlerine, ortak faaliyetlere, sohbet saatlerine, münakaşa saatlerine ihtiyacı vardır, yoksa sadece tatili ve bayram günlerini bunlara ayırabilirsiniz.

Sevenlerin birbirleri için var olacağı ortak zamanlar bulabilmek için, *zamanları birbirine eklemek*, yani kelimenin tam anlamıyla senkronizasyon, daimî bir ödeve dönüşür. Elbette herkesin zamanı daima kıttır ama zaman kazanabilmek için her türlü faaliyette çeyrek saatlik pintilikler yapabilirsiniz. İşlerin kolayca halloluverdiği *altın saatleri* değerlendirmenin de faydası olur. Her kadın ve her erkek, kendine biraz dikkat ederek deneyimleyebilir bunu, sonra da kazandığı zamanı birlikte olarak, beraber olmaktaki bütün güzel şeyleri yaparak saçıp savurabilir, beraber bir yerlere giderek mesela, diğerini sürpriz bir seyahate ayartarak (tasvip etmesi koşuluyla) ve beraberce zevkine varılan o *renkli saatlerle*...

Kuşkusuz gündelik hayatta nicel açıdan *gri saatler* ağır basar, hiç heyecan verici olmayan şeyleri yapıp ederek farkına varmadan sürüklendiğiniz renksiz zamanlar geçip gider. Ama âşıklar isterlerse, daha evvel bahsettiğimiz erotik karşılaşmanın *pembe saatleriyle*, güçlü duyguların *kırmızı saatleriyle*, yoğun sohbetlerin *mavi saatleriyle*, kendini tamamen unutuşun *mor saatleriyle*, bu zaman tablosunu kuvvetli zıtlıkların rengiyle boyarlar. Olabildiğince fazla, basit memnuniyetin ıhlamur yeşili saatleriyle tamamlamak gerekir tabii bunları, çünkü arada bir sadece memnun olmak da fena bir şey değildir: Korkunç sıradan olabilir her şey ama ebediyen öyle gitmeyeceği de kesindir.

Bu rengârenk resim paleti sayesinde, sebepli sebepsiz kıskançlığın aşkta kaçınılmaz görünen ve ender olması umulan *sarı saatlerini* atlatmanın en iyi yolunu bulursunuz. Aşkın ve hayatın renk öğretisini tamamlayan, yine ender olması umulan *kara saatlerle* baş etmenin yolunu da...

YEDİNCİ BÖLÜM

STANDART SORUNLAR:
PARA SORUNU, ÇORAP SORUNU,
CİNSELLİK SORUNU

Gündelik hayatın insana çıkarttığı neredeyse standart üç-dört sorun vardır; sevenler bunlara hazırlıklı olmakla iyi ederler. Bazıları düpedüz sıradan, bayağı konulardır bunların, filozofun ödevinin bunları dile getirmek mi olduğu sorgulanabilir: Hayatın daha asli meseleleriyle meşgul olması gerekmez mi onun? Fakat asli olan çok defa o sıradanın, bayağının içinde saklıdır, gündelik hayatın uçurumları o sıradan şeylerin altında uzanır. Buna dikkat etmeyen, kafa üstü düşüp çakılır oradan aşağı.

Önce *para sorunu* gelir, henüz bütçeler ayrıyken bile kendini dayatır, hele ortak bütçeye geçilince iyice öne çıkar: Maddi ihtiyaçları kim hangi ölçüde karşılayacak ve imkanlar nasıl paylaşılacaktır? Çok defa başka sorular da bunla bağlantılıdır: Hangi işi kim halledecek? Buzdolabını kim dolduracak? Yemeği kim yapacak? Masayı kim kuracak? Bulaşığı kim yıkayacak? Çamaşırı kim yıkayacak, ütüyü kim yapacak, alışverişe kim gidecek? Yatakları kim yapacak, vergi bildirimini kim dolduracak? Baştan saptanmış bir işbölümü yoktur, her şey ayrı ayrı müzakere edilmelidir – ama hangi kurala göre?

Her şey bir anlaşma meselesidir, fakat kimse öne çıkmaz, herkes kendini haddinden fazla iş yüklenmiş görür. İlerleyebilmek için herkesin hoşuna giden işi üstlenmesi ve diğer işlere de kendini alıştırması gerekir, sırf onlarla uğraşırken yalnız kalmak istemeyen ötekinin hatırı için bile olsa. En azından önünüzdeki üç ay için bir işbölümü saptamanın yararı olacaktır, böylece her gün yeni baştan pazarlık etmeye ve münakaşalara katlanmaya gerek olmaz. Nihayetinde esas mesele iş bölümü ve maliye değil, insanın yapıp ettiklerinin öteki tarafından takdir edilmesidir – ki onun tarafından "kullanıldığınız" duygusuna kapılmayasınız.

Gündelik hayatta büyük rol oynayan ufak tefek şeyler temel sorunlara dönüşebilirler: Çorap sorunu karşınıza dikiliverir. Çoraptan, ufalanmış sabun, diş macunu artıkları, ayakkabı, kitaplar, eski gazeteler ve dergiler gibi birçok başka şeyin de vekili olarak söz ediyoruz. Hepsinin ortak yanı, ait oldukları yerde bulunmamalarıdır. En azından çiftlerden birine göre öyledir ve bunu sinir bozucu bulur, ötekiyse bu önemsiz şeylere haddinden fazla önem verildiği ve ilişkiyi tehlikeye atabilecek olan asıl rezaletin bu olduğu kanısındadır.

Herkesin kendine ait bir mekânda kendi düzen anlayışını gerçekleştirebilmesi, gerilimin düşmesine katkıda bulunur. Yine de müşterek mekânlar sorunu vardır, mesela banyo. Çorapların günün birinde tavandaki lambaya erişecek kadar yığıldıklarını gözünün önüne getirmek yararlı olabilir – o zaman ne olacaktır? Ortalığa yayılan ve eninde sonunda birisinin meşgul olmasının gerekeceği şeylerin, hele bir de onların kokularının, hiç de parlak bir erotik tesirinin olmayacağını idrak etmenin yararı daha da büyüktür.

Para ve çorap sorunu, suskunlukla geçiştirilen bir şekilde, üçüncü bir sorunla, birçok ilişkide zaman ilerledikçe tatmini azalan bir şeyle bağlantılıdır: *cinsellik sorunu*. Çiftler artık mahremiyeti ne zaman, nerede bulabilirler? Âşıkken bunun cevabı basittir: Her zaman ve her yerde. Sonrasında ise giderek 'her zaman değil, hele her yerde asla değil' cevabı geçerlilik kazanır. Konu, akşamdan akşama, bilinen o tüketici özetlerle müzakere edilir: "Ee?" "Yorgunum." "Hep yorgunsun zaten." Yokuş aşağı bir sarmal harekete geçmiştir: Cinsellik olmadığı için keyifler kaçar, keyifler kaçınca cinsellik olmaz.

Alışkanlıklar ve ritüeller burada da yardımcı olabilir fakat esas soru hep yeniye dönüktür: *Ne kadar sık?* En azından sorunun kendisi yeni gibi görünmez, daha antik çağda soruyorlardı bu soruyu ve Hipokrat gibi bir tıp otoritesinin buna şu cevabı verdiği söylenir: Erkek için de kadın için de haftada iki kere yapmak sağlıklıdır. Bu tavsiye belli ki uzun süre unutulmuş, anca yüz yıllar sonra, dinsel bir otorite, Martin Luther, daha akılda kalacak bir vezinle aynısını söylemiştir: "Haftada iki kere/Ne kadına mahsuru olur ne erkeğe." Gerçi buna veya benzer bir ifadeye bütün eserleri arasında rastlanmaz ama yine de lâf yayılmıştır.

Modern zamanlarda otorite, kamuoyu araştırma kuruluşlarına geçmiştir. Almanya'da bunlar binlerce çifte sıklık anketi uyguladılar. Ortalama değer, "Ayda sekiz kere" çıktı. Yani yine haftada iki. Bu normal midir? Modern çağda normalliğin spektrumu alabildiğine geniştir: Günde iki, ayda iki, yılda iki veya hiç. Emin olacağımız tek şey, çiftin herhangi bir noktada mutabık olmalarıdır. Mutabık olmalıdırlar ki, bu işe çok ehemmiyet veren kişi, Immanuel Kant'ın kadim sorusunun cevabını nihayet bulabilsin: "Ne umabilirim?"

SEKİZİNCİ BÖLÜM

GÜÇ, ÖNEMLİ OLMAMALIDIR.
SAHİDEN Mİ?

Kişiler arası gündelik ilişkilerin üç temel meselesinin altında, çok defa bir dördüncüsünün ateşi közlenir: İktidar, güç *meselesi*. Romantik âşıkların birçoğunda, onların ilişkisinde iktidar meselesinin yeri olmadığı kanaati hâkimdir. Aynı zamanda aşkın kendisini karşı koyamayacakları büyük bir güç sayarlar, öyleyse aşkla iktidar birbirine yabancı olmasalar gerektir. İktidar, güç, bir şeye veya birisine etki etme imkânıdır, "etkili olmak" diyeyim isterseniz, kulağa daha az şüphe uyandırıcı gelir. Ama en geç ilk âşık olma safhası hararetini yitirip de çıkarların, arzuların, ihtiyaçların o kendiliğinde âhengi kalmadığında, herkes ötekinin "idrakine" nasıl etki edilebileceği sorusuyla yüz yüze gelir. O zaman aşk bir güç aracı olarak devreye girer.

Etki etmenin bir yolu *aşk bağışları*, ayartma yöntemleridir, bunlar aslında gayet etkilidirler ama galiba o kadar kolay icra edilemezler çünkü kuvvet, zaman, yaratıcılık ve idman gerektirirler. Birçok âşık bu nedenle *sevgisini esirgemeyi*, şantaj yolunu seçer, bu insana daha kolay gelir çünkü daha çocuklukta, sıralarken tecrübe edilmiştir. Herkes değişik kademelerde şantajın uzmanıdır, her âşık bilir bunu: işkence aletlerini ima eder, sözgelimi dikkatini bir süreliğine başka yere çevirir, münakaşa çıkarır, sonra adım adım eli yükseltir, emdiği sütü burnundan getirtir, canını acıtana dek – ortaçağda engizisyonun yaptığı gibi. İğrenç mi? O zaman üçüncü bir yol tavsiye olunur.

Üçüncü bir imkânın yolunu yine *nefes alan aşk* açar; gücün, iktidarın sevenler arasında gidip gelmesine imkân tanıyarak ve böylece *iktidar kullanımının karşılıklılığını* dert edinerek yapar bunu: "Bu defa ben pes ediyorum ama bir dahaki sefere de incelik eder, sen rıza gösterirsin değil mi?" "Tamam, bugün sen haklı ol ama yarın da hak bana geçerse memnun olurum." Bazen birinin bazen ötekinin "söz sahibi" olduğu bu *sıralı denge*, gücün terazilenmesini sağlar. Bu oturduğunda, artık sıralı olmasına da dikkat etmek gerekmeyecektir: Biraz zaman alsa bile mutlaka bir noktada birinin ötekine layığıyla mukabele edeceğine olan itimat artar.

İki taraf mutabıksa, *yamuk güç ilişkileri* bile mümkün olur: Aşk ilişkilerinde simetri yükümlülüğü aranmaz. İki kişi arasındaki güç oyunu, tahammülle ve isteye isteye, basbayağı asimetrik bir biçime bürünebilir, yine de bu bir aşk olabilir: Biri bütün iktidarı ötekine vermiş, kendini ona teslim etmiş, evet, ötekinin kendisine sahip olmasına izin vermiştir. Bazıları kimin hâkim rolünü üstlendiğine hiç bakmazlar ve ötekinin bütün kararları vermesine, paraya kendi kendine tasarruf etmesine, müşterek çıkarların ne olduğunu tanımlamasına ve bunları dışarıya karşı temsil etmesine razıdırlar. Tam da kendi kararlarını verme zahmetinden esirgediğinden, birisine tabi olmak saadet verici olabilir. Peki ama ya aşağılayıcı ve başka yol bırakmaz hale gelirse? O zaman insanın, geriye kalan –umalım ki biraz kalmış olsun– hükümranlığına dayanarak geri çekilebilme imkanını açık tutmasında fayda vardır.

İlişkiler nasıl olursa olsun: ara ara münakaşa kaçınılmazdır. Eğer bunların ilişkiyi bitirmesi istenmiyorsa, iki tarafın da inşası için çaba göstereceği bir *münakaşa kültürüne* ihtiyaç vardır. Bu da, karşıt çıkarların ve kanaatlerin varlığını ilişkinin olağan bileşenleri saymaya dayanır. Böylelikle, kendi konumunu savunurken ilke olarak ötekininkini de kabul etmek daha kolay olur. Tabii ne pahasına olursa olsun galip gelmeyi istemek yerine, iki tarafın da kabul edeceği çözümler aramak da.

Tatile nereye gidilecek? Birisi şehir hayatına düşkündür, diğeri kır havasına. Belki şehrin yakınlarında bir yere gidilebilir. Veya bu defa böyle yaparız da bir dahakine başka bir şey. Çok defa bu türden maddi konular, tıpkı para, çorap ve cinsellikle ilgili meseleler gibi, ilişkinin hayat memat meselesine dönüşür. Herkes ilişkiyi şeyler üzerinden müzakere etmeyi sever; şeylere heyecan getirmek için de ilişkiden iyisi olabilir mi hiç? İlişki için de bir defa daha aydınlanma vesilesidir bu: "Sen nerede duruyorsun ben nerede, aramızdaki fark ne, bizi bağlayan ne – şayet kaldıysa böyle bir bağ?"

Her kadın, her erkek, şu *temel soruyu* açık seçik cevaplayabiliyorsa, münakaşa o kadar büyük bir sorun olmaktan çıkar: Ötekini ve onunla ilişkimi, olumsuz yanları da hesaba katarak, aramızdaki şu anda belki tam anlamıyla aşk olmasa da, esas itibarıyla onaylayabiliyor muyum? Ben sıkı bir kavga çıktığında kendi kendime bu soruyu sorar ve çok defa gizlice, sessizce, usulca mırıldanırım: "Yine de onu seviyorum!" Bunu sesli olarak, işitilebilir şekilde söylemeyi başarabilsem, karşımdaki de kendi durumumu açıklama fırsatını bulabilecek, belki de Bavyera'da âdet olduğu üzere diyecektir ki: "Ben de sana karşı boş değilim!"

Ötekinin hakkımda esas olarak iyi hisler beslediğini kestirebilecek durumda isem, hemen en kötüsünü düşünmemeliyim. Onda bir şeyler bana ve bende bir şeyler ona hâlâ hoş ve onaylanmaya değer görünüyorsa, birbirimizin değerini bilebiliriz ve bu temelde her maddi meselede anlaşabiliriz demektir. İkimiz de durumu vakitlice yeni baştan değerlendirebilir ve yıkıcı bir etkisi olan daimî münakaşadan kaçınabiliriz.

Şayet birisi yaralanmış ve acıya gark olmuş ise, *altın kuralın* yardımı dokunabilir: Roller değişecek olsa onun sana nasıl davranmasını istersen sen de ona öyle davran. Çünkü hemen yarın gerçekten roller değişebilir. Bugün, kendimle ilgili bir "suçun" varlığını görüyor olayım olmayayım, herhangi bir biçimde benle bir ilintisi varsa eğer, olmuş olanın sorumluluğunu üstlenebilirim. Sadece bir anlığına değil, çabamın ciddiyetini kanıtlayana dek, telafisi için çaba gösterebilirim.

İşte o zaman, öteki kolayca beni affetmeye hazır hale gelecektir – yeter ki olmuş olan, biraz olsun affedilebilir görünsün ona. Ötekinin incitmiş olduğu bensem şayet, belki intikam düşünmeye meylederim ama ilişkide hoşnutluk sağlayacak olan, daha ziyade müsamahadır. Öteki pişmanlığını bilfiil belli eder, onun zaaflarım ve kusurlarımla ilgili müsamahasına ne kadar muhtaç olduğum da benim kafama dank ederse, müsamaha göstermek daha kolay olur. Bazen de sadakat meselesi çıkar bu arada.

DOKUZUNCU BÖLÜM

AŞKTA SADAKAT. NASIL MÜMKÜN OLUR?

Gönül isterdi ama sadakatin genel geçer bir tanımı yoktur. Kastedilen genellikle bedensel, *cinsel sadakattir*, Kant'ın bir defasında mükemmel tanımladığı gibi, iki kişi arasında "birbirlerinin cinsel hususiyetlerine karşılıklı malik olacaklarına" dair belirtik veya sessiz daimî mutabakattır. *Ruhsal sadakat*, yani iki kişinin birbirleri için hissettiklerinin onlara özel olması da önemlidir. Ama en önemlisi zihinsel sadakattir, her ne olursa olsun beraber olacağız kararlılığı, *hayat sadakati*.

Her kültürün sadakatle ve hoşgörülebilir istisnalarla ilgili kendine özgü tasavvurları vardır; dünya kültürleri arasında, keza genellikle daha katı olan kırsal ve daha serbest olan kentsel kültürler arasında belirgin farklar da vardır. Tarihte uzun süre boyunca cinsel farklar dikkate değer bir rol oynadı: Erkeklerde göz kırparak müsamaha gösterilen, gevşek yorumlanan sadakat, kadınlardan eksiksiz isteniyordu.

Bireysel sadakat tasavvurları, kültürel olanlardan bile daha fazla ayrışabilir. Sevenler, birbirlerinin beklentilerini bilebilmek için bu tasavvurlar üzerine konuşmalıdırlar: Hangi türden sadakati önemser o? Müşterek kurallar olmalı mıdır? Eğer bu kurallar çiğnenirse ne yapmalı? İlkeleri ancak ilişkinin tarafları koyabilir, bunlara ancak onlar uyabilirler. Her zaman uzlaşmaya varılamayabilir fakat *fairness*'in[1] temel ilkesi, başkasından beklediğiniz sadakat ölçüsüne kendinizin de uymasıdır. Keza, kendi talep ettiğiniz özgürlükleri ötekine de tanımanız.

Ötekine sadakat, *insanın kendi benliğine olan sadakatine* dayanıyorsa, daha sağlam durur. Bunun için her kadının ve her erkeğin cevaplaması gereken sorular vardır: Hangi değerler benim için ve yaşamım için vazgeçilmezdir? Onlara nasıl sadık kalabilirim? Şüphe anında en yüksek değer özgürlük müdür yoksa bağlılık mı? Özgürlük daha önemliyse, bu bir ihtimal ilişkinin aleyhine olacaktır: Bu ilişkinin benim için taşıdığı önem nedir o zaman? İlişki ile *benim* özgürlük tasavvurum arasında bir ihtilaf doğduğunda, neyi feda edebilirim? İlişki ile *onun* özgürlük tasavvuru arasında bir ihtilaf doğduğunda, ötekine ne taviz verebilirim? Kendine dair kafası rahat olan, ötekine de daha rikkatle yaklaşabilir. Başka bir durumda da ötekinin rikkatini umabilir.

Sadakat tasavvurları, *kıskançlığın* ortaya çıkıp çıkmayacağını ve ne sıklıkla çıkacağını etkilerler. Bir ilişkinin kıskançlıktan tamamen arınması galiba mümkün değildir, bunun bir sebebi de, bu fenomene tekabül eden *anlam* olabilir: Yaşamsal önemi olan bir ilişki tehdit altında göründüğünde, kıskançlık erken alarm verir. Bu sadece dar anlamda aşk için değil, arkadaşça, kardeşçe veya başka türden sevgiler için de geçerlidir. Kıskanç olan, sevilmeye müpteladır. Onun için varoluşsal bir enerji kaynağı olduğundan mahrum kalamayacağı bu sevgiyi kaybetmekten korkuyordur. Bu duygunun dikkat çekici derecede derine çapa atmış olmasını bununla açıklayabiliriz, bu ona tarih boyunca bir hayatta kalması-

---

[1] (İng.) Centilmenlik, doğruluk.

nı sağlayan bir üstünlük kazandırmış olmalıdır, yoksa kıskançlık evrimi atlatamazdı. Buradaki temel şablonun davete icabet edeceği o kadar kesindir ki, sebepsizce de harekete geçirilebilir.

Kıskançlık *temelsizse*, mesele onu ilişkiye zarar vermeyen bir ölçüde tutabilmektir. Bunun için terapilerin faydası dokunabilir, insanın kendi Ben'ini güçlendirirler, çünkü kıskançlık sadece ötekinin sahici veya muhtemel sadakatsizliğinden değil, kendinden emin olmayan benliğinizle olan ilişkinizden de alev alabilir. Kıskanç kişi, kendine dair güvensizliğini alt edebilmek için ötekine muhtaçtır: Kesin emin olmamı sağlayacak olan sevgiyi ondan nasıl alabilirim? Hatta onun sevgisi *hakkım* değil mi benim? Bu, ötekini sürekli sevgisini yeniden beyan etmeye mecbur bırakacak kıskançlık sahnelerinin bahanesi olabilir.

Kıskançlık bir *temele dayanıyorsa*, artık geriye aşkı için mücadele etmek kalır, aşk zorla elde edilmez bu ama yeniden canlandırılabilir. Bir zamanlar Seneca önermişti bunu: "Sevilmek istiyorsan, sev." Herkes *sevilmeyi* ister, hoş ve rahattır. Ama herkes kendi *sevmek* istemez, zahmetlidir, maliyetlidir ve beyhude olabilir, çünkü tam da koşulsuz seven insan, aynı şekilde sevilmeme tehlikesine maruzdur. Sevmek, benliğini geride tutup, onun yerine kendini şunu sormayı gerektirir: Ötekinin ihtiyacı nedir, ne düşünür, ne hisseder, eksiği nedir, ona ne verebilirim?

Böylece insanın nicedir hasretini çektiğine vasıl olması ve onun aşkına yeni bir itki verebilecek güzelliği sunması mümkün olur. Şayet öteki de sevmeye başlarsa, insan kendini de sever. Belki de insanlar ancak bu aşikâr narsisist sebepten ötürü sevebilirler zaten: Sevilmenin kaçınılmaz ön koşulu olduğu için.

Fakat öteki tarafından sevilmekten kalıcı biçimde mahrum kalınırsa, benlikte sadakatsizlik ayartısının içeri sızabileceği bir delik açılır. Benim açımdan temel önemde olan bir şeyi ötekinin benden esirgemesini, *haksızlık* olarak algılarım. Bedensel, ruhsal veya zihinsel açıdan yeterince sevilmiyor olmayı birçokları başka bir ötekinde cinsellik, duygusallık, zihinsel alışveriş ve anlayış aramalarının sebebi sayarlar.

İşin buraya gelmemesi için, iki kişi bilinçli olarak birbirlerine *haklar* tanıyabilirler, çünkü hakları olan birisi mahrumiyet acısı çekmez ve kendini ricacı konumunda hissetmez. Bu haklardan biri de yakınlık hakkı olabilir; belki her an değil ama olabildiğince sık konuşabilir durumda olabilmek için. Her kadın ve her erkek ötekine imtiyazlar tanıyabilir ve kendisine erişilmesini kolaylaştırabilir; her düzlemde yapabilir bunu, bedensel yakınlıkla, duygulara alımkâr olarak, konuşmaya amade olarak.

Çünkü bu şekilde fark edilebilir, anlaşılabilir olmayı ve sevilmeyi ikisi de güzel bulurlar. Aksine, haklardan ve imtiyazlardan mahrum bırakılmak tabii şu sonuca vardırır: Artık sevilmek yoktur. Öteki bir yaklaşımda bulunmazsa, nafile hakkını yine de talep etmek için her şeyi yapar insan, sözgelimi ötekinin arzuladığını ondan esirger. En uç noktada, ilişkiyi bitirmekle tehdit eder onu.

ONUNCU BÖLÜM

AŞK SONA ERMEMELİ.
AMA YA YİNE DE BİTERSE...

Aşkın bir gün sona ermesi, ihtimal dışı değildir: Ayrılmaktan daha kolayı yoktur, en azından modern çağda. Yani kimse kendini güvende hissetmemeli. *Dürüstçe, adilce* olan, ilişkiyi beraberce bitirmektir, böylece kimse kendini terk edilmiş hissetmez. Yine de, ilişkiyi bitirmeyi istememiş olan taraf, sevgiyi yitirmenin evrelerini kat etmekten kaçınamaz, *aşka düşme süreci tersine* işler burada. Ölümle yüzleşmenin evrelerini andırır, sevgiyi yitirmek ölmek gibidir: Birdenbire hayatınıza dalan değiştirilemez gerçekliği idrak etmek istemezsiniz. Öfke, hayal kırıklığı ve yeniden alevlenen aşk gibi bir duygular kaosundan çıkmayı da o duygulara kapılmayı da bilemezsiniz. İlişkiyi ne pahasına olursa olsun kurtarma ve mücadele azmiyle can bulma hali. Son ümidin de solduğunu görüp son ümit kırıklığının üstesinden gelmeye mecbur olma hali. Ancak ondan sonra kendinizi yeniden bulabilir, kendinizle ve başkalarıyla yeni bir hayata başlayabilirsiniz.

Burada esas mesele, insanı taşıyan *enerjinin akış sürekliliğiyle* tekrar irtibat kurabilmektir. Her şeye can ve hareket veren enerji bütünüyle kurulacak irtibat, belirli bir ilişkiye bağlı değildir. Başka bir insanla karşılaşmanın sonluluğuna mukabil, ona olan aşkla özdeşleştirilen enerji sona ermez. Ötekinden bağımsız olarak da alınabilir bu enerji, tıpkı hayatın kendisi gibi, tükenmezdir. Tekil aşkın, tekil hayatın enerjisi kaybolup gitmez, aksine enerjinin, başka bir aşkı, başka bir hayatı doğurabilecek olan toplam potansiyeline doğru akar. Büyük bütünden koparılmış olma duygusu acı verici ama geçicidir. Her son, başka bir şeyin başlangıcıdır, bir aşkın bitişiyle de yeni bir şey başlar. Aşk, bu yolla da *nefes alır*.

Nefes alış verişi, hep *mümkün olanla gerçek olan* arasındadır. Bunlar varoluşun (Yunanca *on*) farklı tarzları olarak, gerek iki kişi arasındaki tekil aşkta gerekse bütün diğer aşklarda *aşkın ontolojisini* oluştururlar. Aşkın ontolojik yorumu, imkânlarla gerçeklik arasındaki çelişkiyle daha iyi baş etmeye yardımcı olabilir. İlke olarak her şey mümkündür ama gerçek olan daima bunların pek azıdır – üstelik sınırlı bir süreliğine.

Romantik aşkın bir hususiyeti, sonsuz imkanları düşlemesi ve bitimli gerçekliği tamamen geride bırakmayı arzulamasıdır. Öyle oldukça da, çerçevesi içinde mümkün olan her şeyin, hele tasarruf edebileceğiniz sınırlı zamanda, gerçek olamayacağı sonlulukla karşı karşıya gelir. Bir aşkın, mümkün olanın sahası içinde yer aldığı sürece, gündelik hayatla ve geçicilikle mücadele etmesi gerekmez. Ama gerçek olduğunda, gündeliğin ve sonluluğun müşküllerine maruz kalacaktır.

Güzel imkanların her gerçekleşmesi güzel olmayan kayıpları beraberinde getirir. Erkekler mümkün olan bütün hasletlere ve istenen vücut hatlarına sahip kadınları, kadınlar da yine öyle erkekleri arzularlar; düşlerde ve fantezilerde ideal suretlerine kavuşan arzulardır bunlar. Ne var ki reel karşılaşmada ötekinin, tıpkı kendiniz gibi, bildik eksiklik ve sınırlılıklarla belirli bir gerçekliği bedenleştirdiğini görürsünüz.

Aşka *nefes aldırmak* demek, durmaksızın mümkün ihtimaller arasında salınmak yerine, en nihayet gerçekliğe cesaret etmek ve kendini ona bırakmak demektir. Gerçekliğin kaçınılmaz olarak bunu izleyen kıstırıcı darlığı içinde yine de, mümkünse öncelikle mevcut ilişkinin içinde, yeni imkânlar açmak, böylece yeni denemeler ve deneyimlerle ötekinin ve kendi benliğinin yeni çehrelerini keşfetmek demektir.

Peki, şayet bunu istiyorlarsa, insanları birbirine daha kalıcı biçimde bağlayan şey ne olabilir? Bir zamanlar iki kişi arasındaki bağ; dinin, geleneğin ve törenin *dışsal güçleriyle* güvenceleniyordu, şaibeli mecburiyetlerin yardımına başvurulması de ender görülmezdi, dolayısıyla o zamanların geri gelmesini isteyecek halimiz yoktur. Bu güçler modern kültürde zaten etkili değildir. Dışsal zorunluluklardan kurtulduktan sonra geriye yalnızca bireylerin *içsel güçleri* kaldı, özellikle de birbirinin *iyiliğini istemenin büyük gücü*. Aşk üzerine onca yıl düşündüklerimden bir ortak payda çıkartmam gerekirse, şunu söylerim: Modern koşullarda aşk, iki kişinin birbirlerinin iyiliğini istemesine muhtaçtır, başka türlü yürümez.

İyiliğini istemenin kaynağı nedir? Her kadının ve her erkeğin kendisi için vereceği bir karardır: Aşk yalnızca duygulardan oluşmaz, aşk aynı zamanda bir karardır. Bu kararı habire değiştirmemek, herhangi bir şeyin gerçeklik kazanabilmesinin ön koşuludur. Burada vazgeçilemeyecek olan şey, gerçekte olandan başka her şeyin daha iyi, daha ilginç, daha heyecanlı olacağını zihnimize sokuşturan fırsatları kaçırmaktan şikâyet edip durmamak için, imkan ve ihtimallerden bilinçli olarak feragat etmektir. Hiç kimse bu kararı bana aldıramaz, burada ikinci dereceden bir özgürlüğe, özgürlükten gönüllü feragate dönüşen bir özgürlüğe dayanarak, sadece ben verebilirim o kararı. Yoksa birçoklarının özlemini duyduğu gibi uzunca dayanabilecek bir bağlanma, bu büyük özgürlük talepleri çağında pek mümkün olamayacaktır.

Aşk daha zordur artık ama iki kişi kendi iradeleriyle girişirlerse bu zorluklarla baş etmeye, makul bir sürede üstesinden gelebilirler. O zaman aşk, sürekli bilinçli halde olma zahmetine artık ihtiyaç duymayan yeni bir *kolaylığa* kavuşabilir. Bütün toplum için biraz daha uzun sürecektir bu süreç ama eninde sonunda herkes "geçecektir".

Neden bu kadar eminim? İnsanlar çok şey öğrenebilirler, özellikle de kırıcı ilişkilerin kaçınılmaz olarak yol açacağı acıları çoğaldığında. Bu arada aşktan daha büyük olan başka sorunlar bastırabilir ve aşkın zorluklarını bir süreliğine unutturabilirler – ta ki başka bir biçimde tekrar öne çıkana kadar. Tarih hareket halindedir, aşk da onla beraber hareket halindedir. Her seferinde yeniden ve başka türlü yorumlanır, *nefes alan aşkın* bir inceliği de budur. Felsefe bu sürece düşünerekten refakat edebilir fakat bu tuhaf varoluş biçiminin imkan ve ihtimallerini yoklamak, sınamak, böylece aşkın tarihine sürekli yeni itkiler vermek, âşıkların kendi meselesi olarak kalmaya devam edecektir.

EK

SEVMEYİ ÖĞRENMEK.
BİR AŞK OKULU OLSA MÜFREDATINDA
NELER OLABİLİRDİ?

Tıpkı başka hünerler gibi aşkı da öğrenmek mümkün olsaydı, onu bulmak ve korumak daha kolay olurdu herhalde. Pratik deneme ve deneyimler olmadan kesinlikle olmaz tabii, fakat bazı temel bilgiler, esasında neler döndüğünü daha iyi anlamaya yarayabilir. Söz konusu bilgiler bir okulda aktarılabilir ama geleneksel anlamda bir okul olması gerekmez bunun, daha ziyade bireyin buna vakit ayırmaya amade olması gerekir, yani kökenindeki Yunanca anlamıyla *schole*.[1] Felsefenin ödevi, şeylerin düşünerek açıklığa kavuşturulacağına ve sonra da pratik hayatta değiştirilebileceğine olan güvenle, durup kendine bakmak ve düşünmek için fırsatlar sunmaktır. Ancak bu fırsatı algılayabilecek ve kendine yaratabilecek olan, ancak bireydir. Ders malzemesini, bunun için modüller sağlayan kitaplardan, internet bilgilerinden, seminerlerden ve her tür okulun, yüksek okulun, halk eğitim merkezinin, sürekli eğitim akademisinin müfredatlarından edinerek kendi istediği gibi derleyebi-

---

[1] Batı dillerinde okul kelimesinin (*school, Schule, école*) dayandığı bu kavram; boş zaman, bir şey yapmadan durma gibi bir anlama gelir.

lir. Bir aşk okulunun eğitim programında aşağıdaki "derslerin" olması gerekir.

1. *Hayatı bilmek*. Hayatta aslolan nedir? *Kutupsallık* genel bir alâmet gibi görünüyor: İnsanlar arasındaki çelişkiler, zıt tutumlar ve kanaatler, çatışan duygular. Nitekim bir ilişkide yalnızca sevinci değil, kızgınlığı da tecrübe edersiniz, yalnızca hazların tadına varmaz, acılara da katlanırsınız. İnsanları harekete geçiren, mutluluk davası ve anlam arayışıdır fakat mutsuzluktan ve anlamsızlık duygusundan da bağışık değildirler. Hayatın anlamını, güzel ve onaylamaya değer gördükleri bir biçimde yaşamakta bulurlar, ne var ki çirkin ve onaylanmayacak evrelerden de tamamen kaçınamazlar. Düşlenen ihtimallerle, hükmünü sürmekte olan gerçeklik arasında çelişkiler patlak verir. Her gerçekliğin karşısına sonluluk dikilir, sonluluğun üzeri de sonsuzluk ihtimaliyle kaplanır.

2. *Kendini bilmek*. Kendiyle yaşamanın bir koşuludur, aynı zamanda başkalarıyla ilişkinin de koşuludur, özellikle dar anlamda aşkın ifade ettiği "ilişkinin". Bunun için, kendine dikkat etmek ve kendi kendini hep daha iyi tanımak gerekir. Kendinizle çatışmalısınız, en önemli ilişkileriniz, deneyimleriniz, düşleriniz, değerleriniz, alışkanlıklarınız, yaralarınız, güzellikleriniz hakkında kafanız berrak olmalıdır. Bir miktar narsisizme mal olabilir bu, fakat kendini seven başkalarını da sever. Kendinde bir iç zenginlik hisseden, bundan başkalarına da verebilir. Kendiyle ilişkisini iyi idare eden, başkalarıyla ilişkilerini de iyi götürür. Kendinden emin olan sürekli kendiyle ve niyetleriyle ilgili kaygılar taşımaz, başkalarına değer verebilir, onların de kendi benliğine göstermesini umduğu dikkati, başkalarına verebilir.

3. *Dilbilgisi.* Başkasıyla bir ilişki içinde alışverişe ve bu arada çatışmaya da girebilmek, aşkın dillerini bilmeyi gerektirir: Dilsel ve dilsel olmayan iletişim, jest, mimikler, kokular ve kıyafet tarzıyla bedensel iletişim, dışa vurulan ve gemlenen duygularla ruhsal iletişim, fikirler ve argümanlarla zihinsel iletişim. Şayet bir cinsel maceradan öte bir şey olacaksa, aşk öncelikle zihinsel düzlemde alışverişe ihtiyaç duyar, zira ilişkinin sorunlarını en çabuk, kendiniz ve müşterek hayatınız üzerine düşünürken fark edebilirsiniz. Aynı kelimelerle her zaman aynı şeyi kastetmeyen, birtakım şeyleri kimi gayet doğrudan kimi dolaylı dile getiren ve bu arada karşılıklı anlayışsızlık duvarlarına çarpan erkeklerin ve kadınların kullandığı türlü türlü dili bilmenin de yardımı olur.

4. *Yorumlama kabiliyeti.* Hayatta ve aşkta çok şey yoruma bakar: Aşktan ben ne anlıyorum, öteki ne anlıyor, özgürlük onun için ve benim için ne demektir, bağlanma ne demektir, tatil ne, boş vakit nedir, düzen onun için ve benim için ne anlama gelir, kimin buna ne kadar ihtiyacı vardır? Her kadın ve her erkek, kendi anlayışının tek doğrusu olduğundan yola çıkar, ötekinin yerine getiremeyeceği beklentiler de buradan doğar. Bilincinde olmaksızın, şeylere öznel birtakım anlamlar yükler, sonra onlara baktığınızda güya nesnel bir şekilde o anlamı çıkarırsınız. Ötekini de muhtemelen onun kendisini öyle tasavvur edemeyeceği bir biçimde anlamlandırmışsınızdır. Kendinizin ve ötekinin yorumlarını bilmek önemlidir, böylece onlara müdahale edebilir, icabında değiştirebilirsiniz. Mesela bu konudaki metinleri ve tartışmaları okumak, anlamlandırmalarla, yorumlarla alışverişi talim etmenizi sağlar, yorumların nasıl oluştuğunu ve ne kadar farklılaşabildiklerini görürsünüz.

5. *Sanat ve ifade*. Yaratıcılık aşkta ilham donanımını geliştirir ve her ne kadar pragmatik olmak lazımsa da romantizmi tamamen gözden kaçırmamak için faydalıdır bu. Bütün sanatlar, ister kendiniz icra edin ister başkalarının icrasını izleyin, yaratıcı olma bire birdir. Müzik, dans, edebiyat, sinema, resim, heykel insanın fantezisini geliştirmesi ve duygularına, düşüncelerine ifade kazandırması için birçok imkan sunar, aynı zamanda aşk fenomeninin tüm zamanlarda ne kadar değişik sanat tarafından ne kadar çeşitli biçimlerde tasvir edildiğine bakarak ilham almasını sağlarlar. Tiyatro temsilleri ve kendi oyunculuk denemeleri, farklı roller oynamanın ne demek olduğunu keşfetmeyi sağlar, bu arada saklı yetenekleri ve olanakları da keşfedersiniz. Sahneye bir oyun koymak, tercih edilen bir hareket imkanının, nasıl çabayla, adım adım gerçekleştirilebileceğine dair kıymetli bir *knowhow* edinmek demektir.

6. *Spor ve jimnastik*. Duyguların ve düşüncelerin yanında bedenin de aşkın hammaddeleri arasında olduğu fikrini ciddiye alırsanız, bedeninizle ilgilenmeye gereken önemi vermek sizin için daha kolay olur. Aşkın duyusal zevkine tastamam varabilmek için, bir beden kültüne değil ama bedeninizi kültive etmeye ihtiyaç vardır: Spor ve jimnastik, yoga, tantra ve dans eklemleri güçlendirir ve leğen kaslarını esnek tutarlar. Kuvvet ve esneklik bedensel, özellikle cinsel olanakları genişletir, fakat her bireyin kendi bedeniyle meşgul olması, her şeyden önce ötekine onun için hazırlandığını göstermek içindir. Kendini bırakmak, tersine, ilişkiye olumsuz etkide bulunur. Ayrıca insan bedeninde, düzenli alıştırmanın nasıl etkili olabileceğini örnek alınacak bir şekilde öğrenebilir ve bu bilgisini duygularıyla, düşünceleriyle ilgili alıştırmalara da aktarabilir.

7. *Ev ekonomisi.* Gündelik hayat, âşıkların çok defa hazırlıklı olmadıkları ve kaçınamayacakları meydan okumalarla dolu olduğundan, bunu da ayrıca öğrenmek gerekir. Aşk okulu şu eski güzel ev ekonomisi öğretisini ihya eder ve onu müstakil bir ders yapar; bu ders gündelik hayatın sıradan ve bayağı işlerini daha iyi halletmeye yardımcı olacaktır. İki cins de, en azından niyet itibarıyla, karşılarına çıkacak ödevleri daha adilane bölüşebilmek için gereken yetenekleri kuşanmalıdırlar: Gıda maddelerindeki muhteviyat bilgilerinde nelere dikkat etmeliyim? Bulaşık makinesini nasıl yerleştirir, nasıl çalıştırırım? Yatak örtüleri ve giysi parçalarıyla ilgili "saat yönünün tersine" ibaresi ne anlama gelir? Resmi makamlara başvuru formları nasıl doldurulur?

8. *Kültür bilimi.* Aşkta ve cinsiyetler arası ilişkilerde birçok şey uzun çağlar boyunca insanların, çok defa da erkeklerin müdahaleleriyle meydana gelmiştir. Bu gelişmenin nasıl seyrettiğini, kültür tarihi gözler önüne serebilir. Kültür karşılaştırmalardan, aşkı farklı anlamlandıran ve aşkın farklı biçimlerde zuhur ettiği değişik kültürlerdeki aşk tasavvurlarına dair bilgiler alabiliriz. Bazılarında ilk adım hâlâ ebeveynin tecrübe ve basiretlerine emanet edilir, duygular "nasılsa arkadan gelecektir". Başkaları daha çok, eş bulma borsalarındaki elektronik aşk formüllerine itimat ederler: Çıkarların ve ilgilerin otomatik beyanından sonra, tanışma aşamasında "birden sökün edecek" duygulara bakarlar. Erkekle kadının kültürel rolleriyle ilgili farklı anlayışları öğrenmek, ulus aşırı ilişkilerin durmaksızın arttığı bir zamanda özel bir önem taşır, çünkü bunlar âşıklar arasında sadece bireysel nedenlere dayanmayan yanlış anlaşmalara yol açabilirler.

9. *Doğa bilimi.* Aşkta her şey kültür değildir, bazı şeyler de geniş ölçüde 'doğa' olarak kalır; gerçi bu alana ilişkin bilgile-

rimiz de bilimin güncel durumuyla sınırlıdır ve nihai olarak saptanmış bir hakikatle karıştırılmamalıdır. Biyoloji, cinslerin, bireylerin ve onların özelliklerinin genetik ve epigenetik kaynaklarını gösterebilir. Evrim biyolojisi bütün bunların uzun zamanlar boyunca tedricen nasıl geliştiğini araştırır. Nörobiyoloji, düşünce ve duyguların nöron ve sinapslardaki karmaşık yol haritalarını çıkartmaya çalışır. Kimya aşkta etkili olan hormonları ve endorfinleri tahlil eder. Her ne kadar bazı fizikçiler bunlarla ilgili bilgilerin insan ilişkilerine aktarılmasını sorunlu bulsa da, fizik aşkta devrede olan bazı enerjilerden haberdardır. Fizikle insanın dünyalarının birbiriyle hiç alakası olmadığı varsayımını kabul etmek pek mümkün değil.

10. *Başka sevgiler*. Gözlerini "tek aşkın" ötesine çevirip ufku genişletmek, haddinden fazla ona odaklanıp hayatı daraltma tehlikesini azaltır. Hayatta başka sevgiler de önemlidir, onları ihmal etmemek gerekir. Bir ilişkinin başlamasıyla bazıları, aşka yükledikleri anlama uygun olarak, arkadaşlıklarını arkada bırakıp artık sadece ortak arkadaşlarla ilgilenmesini beklerler diğerinden. Ama o zaman geriye, kenara çekilme imkanları kaybolur – hele bir de iş "uzaklara gitmeye" gelecek olursa? Sırf bu nedenle, arkadaşları ihmal etmemek gerekir. Gerek arkadaşlık ilişkisini, gerekse başka sevgileri ve onların hususiyetlerini, ebeveynle çocuklar arasındaki ilişkileri, dedeler ninelerle torunlar arasındaki ilişkileri, kardeşler arasındaki ilişkileri bilmeye, kendi ailesini kurma ihtimali bakımından da ihtiyaç duyulur. Bundan başka, doğaya, özellikle hayvanlara, maddi ve manevi şeylere olan sevgiler, vatana ve hayata, dünyaya olan sevgiler, kimileyin bir aşkınlık boyutuna, evrene, tanrıya olan sevgiler vardır. Mümkün sevgilerin çokluğudur, insanın hiçbir zaman aşksız kalmamasını güvenceleyen.

İletişim'den

Psykhe Dizisi

TINA MILLER
Annelik Duygusu
Mitler ve Deneyimler
Çeviren GÜL TUNÇER

AYALA MALACH PINES
Âşık Olmak
Sevgililerimizi Neye Göre Seçeriz?
Çeviren MERCAN ULUENGİN

DEBRA UMBERSON
Ebeveynin Ölümü
Yeni Bir Yetişkin Kimliğine Geçiş
Çeviren ÖZGE ÇAĞLAR AKSOY

PASCALE CHAPAUX-MORELLI – PASCAL COUDERC
İkili İlişkilerde Duygusal Manipülasyon
Narsisit Bir Partnerle Yüzleşmek
Çeviren IŞIK ERGÜDEN

JEAN-PIERRE POURTOIS – HUGUETTE DESMET – WILLY LAHAYE
Kuşaktan Kuşağa Aktarım
Çocuklarımız Çocuklarını Nasıl Eğitiyor?
Çeviren Z. CANAN ÖZATALAY

WILHELM SCHMID
Mutsuz Olmak
Bir Yüreklendirme
Çeviren TANIL BORA · Çizgiler TURGUT DEMİR

GABOR MATÉ
Vücudunuz Hayır Diyorsa
Duygusal Stresin Bedelleri
Çeviren DEFNE ORHUN

PHILIPPE HOFFMAN
Yeni Bir Başlangıç: Emeklilik
Keşifler, İmkânlar, Fırsatlar
Çeviren ZEYNEP ÖNEN

SUE PALMER
Zehirlenen Çocukluk
Modern Dünyanın Çocuklarımız Üzerindeki Zararlı Etkileri
Çeviren ÖZGE ÇAĞLAR AKSOY

SUSAN FORWARD - CRAIG BUCK
Zor Bir Ailede Büyümek
Geçmişi Onarmanın ve Hayatını Geri Kazanmanın Yolları
Çeviren AHU TERZİ

FRANÇOIS LELORD - CHRISTOPHE ANDRE
"Zor Kişilikler"le Yaşamak
Çeviren RIFAT MADENCİ

05.03 bitecek